55 Gute-Laune-Spiele für alte und neue Freunde

BILDNACHWEIS

Freepik.de
S. 38/39/44/54: Rawpixel
S. 42: Aranjuezmedina
S. 14/15: Layerace
S. 4/61: brgfx
S. 28/29/70/71: Creativetools

GettyImages.de
S. 22/24: dvoriankin

Fotolia.de
S. 8/9/52/58/59/64/65/78/79: Tapilipa

Umschlag:
Freepik.de

IMPRESSUM

ISBN: 978-3-96046-076-3

55 Gute-Laune-Spiele für alte und neue Freunde

Klett Kita GmbH
Rotebühlstr. 77
70178 Stuttgart
Internet: www.klett-kita.de

Redaktion	Myriam Bork
Redaktionelle Mitarbeit	Nicole Woratz
Autoren	Britta Bartoldus, Petra Bartoli, Marion Bischoff, Kati Breuer, Annegret Frank, Anne Freitag, Michaela Hinsen, Aline Kurt, Monika Laut-Zimmermann, Leah Schäfer, Karin Schäufler, Tina Scherer, Paul Suer
Gestaltung und Satz	DOPPELPUNKT, Stuttgart
Druck	Grafik Media Produktionsmanagement, Köln

Kontakt
Telefon: 07 11 / 66 72 58 00
Telefax: 07 11 / 66 72 58 22
kundenservice@klett-kita.de

Gedruckt auf chlorfrei gebleichtem Papier.

Bibliografische Information der Deutschen Nationalbibliothek. Die Deutsche Nationalbibliothek verzeichnet diese Publikation in der Deutschen Nationalbibliografie. Detaillierte bibliografische Daten sind im Internet über http://dnb.d-nb.de abrufbar.

Inhalt

55 Gute-Laune-Spiele

Seite

Liebe Leserinnen und Leser,

allein Wippen macht keinen Spaß – miteinander Geheimnisse teilen umso mehr. In der Kita treffen Kinder auf Spielkameraden und Weggefährten. Manche Freundschaft, die im Sandkasten entsteht, hält ein Leben lang.

Und auch wenn eine Freundschaft nur von kurzer Dauer ist: Gemeinsam geht alles leichter. Ein starkes Team hält zusammen. Die Erfahrung, mit anderen durch dick und dünn zu gehen, sich zu unterstützen und zu helfen, begleitet die Kinder ihr Leben lang.

Vor allem im Spiel kommen Kinder zusammen, solidarisieren sich in ihren Teams, handeln Regeln aus, übernehmen Rollen innerhalb der Gruppe – ganz ohne das Zutun von uns Erwachsenen. Dabei wird manchmal natürlich auch ordentlich gestritten: Konflikte und Konkurrenz in der Gruppe sind normal und gehören dazu. Nur wer streitet, kann lernen, wie man Kompromisse findet.

Für neue Kinder in der Gruppe ist der Start in der Kita eine aufregende Zeit. Eine neue Umgebung, ungewohnte Abläufe und vor allem viele andere Kinder. Eisbrecher und Kennenlernspiele helfen Kindern, miteinander in Kontakt zu kommen. Ganz schnell bilden sich so neue Kameradschaften.

Dieses Buch will eine Hilfe beim Freundefinden und Freundebleiben sein. Mit diesen Team- und Partnerspielen, Kooperations- und Kennenlernspielen, Ritualen und Geschicklichtkeitsspielen für den Gruppenzusammenhalt sind Sie bestens für Ihren Kita-Alltag gerüstet.

Ich wünsche Ihnen und Ihren Kinder viele schöne Momente mit alten und neuen Freunden!

Herzlichst, Ihre

Myriam Bork

Redaktion *55 Gute-Laune-Spiele*

Kapitel 1

Eisbrecher & Kennenlernspiele

Korkenzauber

Such- und Tastspiel

Alter: ab 3 Jahren
Dauer: 10 Minuten
Material: 1 Korken

WO IST DER KORKEN?

Die Kinder sitzen im Kreis. Ein Kind verlässt den Raum, ein anderes Kind stellt sich in die Kreismitte. Nun wird bei diesem Kind der Korken versteckt, etwa in der Hosentasche (oder im Ärmel, in der Kapuze – je nach Ideen der Kinder). Jetzt ist das Kind verzaubert und darf sich nicht mehr bewegen. Es ist eine Schaufensterpuppe. Das Kind, das den Raum verlassen hat, kommt in den Kreis und versucht, durch Abtasten den Korken zu finden. Wurde der Korken gefunden, verlässt das vorher verzauberte Kind den Raum und das Spiel geht weiter.

Idee: Britta Bartoldus

Das bin ich, schaut alle her!

Fingerspiel mit Hut

Alter: ab 3 Jahren
Dauer: 15 Minuten
Material: Fingerhut, Filzstift

Schaut mal hin,
wie schön ich bin!
Das bin ich, schaut alle her!
Dass ich da bin, freut mich sehr!
Mein Name ist … (Namen einfügen)

UND SO GEHT'S:
Gerade in neuen oder sehr gemischten Gruppen ist das Kennenlernen mit Namen eine wichtige Sache. Jedes Kind bemalt zunächst eine Fingerkuppe mit einem Gesicht (relativ weit unten, damit der Fingerhut das Gesicht nicht verdeckt). Ein Kind erhält den Fingerhut, setzt ihn auf den bemalten Finger, spricht laut den gesamten Reim und setzt dabei den Finger samt Hut in Szene. Dann reicht es den Fingerhut an das nächste Kind weiter. Das Fingerspiel mit Fingerhut wiederholt sich so lange, bis alle Kinder an der Reihe gewesen sind.

Idee: Karin Schäufler

Tritt ein, tritt ein, komm doch herein!

Willkommensritual

Alter: ab 3 Jahren
Dauer: 20 Minuten

HERZLICH WILLKOMMEN BEI UNS!

Mit diesem Ritual begrüßt die Gruppe ein neues Kind. Alle Kinder stellen sich im Kreis auf. Das neue Kind darf ein anderes auswählen, das es während des Spiels begleitet.

Die Kinder bilden eine Gasse. Zwischen den Mädchen und Jungen sollte so viel Platz sein, dass sie sich mit ausgestreckten Armen nicht mehr berühren. Die Gasse sollte so breit sein, dass das ankommende Kind und seine Begleitperson sie bequem durchschreiten können.

Das neue Kind und sein Begleiter verlassen den Raum.

KLOPF, KLOPF!

Das Ritual beginnt. Die beiden klopfen von außen an die Tür. Die Kinder im Raum rufen im Chor: *„Tritt ein, tritt ein, komm doch herein!"*

Sorgen Sie oder Ihre Kollegin dafür, dass die beiden Kinder vor der Tür erst dreimal klopfen, bevor sie den Raum betreten. Nach jedem Klopfen rufen die Mädchen und Jungen im Raum etwas lauter: *„Tritt ein, tritt ein, komm doch herein!"*

EIN GROSSES HALLO!

Sobald die Kinder den Raum betreten, werden sie von der Gruppe mit großem Hallo begrüßt. Während die beiden nun durch die Gasse gehen, heißen die Mädchen und Jungen das neue Kind nacheinander mit diversen Begrüßungsformeln willkommen, zum Beispiel:

Guten Morgen, liebe/-r ______ (Name des Kindes)!
Herzlich willkommen, ______ (Name des Kindes)!
Geht es dir gut, ______ (Name des Kindes)?
Schön, dass du da bist, ______ (Name des Kindes)!
Ich habe auf dich gewartet, ______ (Name des Kindes)!
Spielst du heute mit mir, ______ (Name des Kindes)!

Zum Schluss klatschen alle Kinder gemeinsam – oder drücken auf andere Weise ihre Freude darüber aus, dass ihnen das Ritual Spaß gemacht hat.

Die Worte können laut oder leise gesungen oder gesprochen werden. Die Gruppe darf das neu angekommene Kind auch umarmen, ihm die Hand schütteln, es streicheln, ihm zuwinken oder sonstige Aufmerksamkeiten schenken.

IMPULSFRAGEN

- Warst du auch schon einmal irgendwo fremd?
- Wie war das für dich?
- Kannst du dich noch an deinen ersten Kita-Tag erinnern?
- Was hast du da gemacht? Hast du mit jemandem gespielt?
- Kanntest du schon ein Kind aus der Gruppe?
- Kann neu sein auch ein bisschen Angst machen?
- Was können wir machen, damit sich ein neues Kind bei uns wohlfühlt?

Idee: Paul Suer

Auf der Insel

Laufspiel

Alter: ab 4 Jahren
Dauer: 15 Minuten
Material: 3 Hula-Hoop-Reifen

SCHNELL AUF DIE INSEL!

Drei Hula-Hoop-Reifen sind im Raum verteilt. Dies sind die Inseln. Die Kinder laufen, um die Reifen herum, durch den Raum. Sie sind Schwimmer und drehen im Meer ihre Runden. Sie können die Inseln nur betreten, wenn etwas über sie gesagt wird, dass der Wahrheit entspricht.

Geben Sie eine Anweisung. Zum Beispiel: „Alle Kinder, die einen großen Bruder haben, schwimmen schnell zur Insel." Dann rennen alle Kinder, auf die diese Aussage zutrifft, zu den Reifen und stellen sich hinein.

UND WIEDER INS WASSER!

Haben die Kinder gesehen, wer alles in den Reifen steht, springen die Mädchen und Jungen wieder zurück ins Wasser. Sie rennen durch den Raum, bis Sie eine neue Ansage machen.

Das Spiel kann so lange gespielt werden, wie es den Kindern Spaß macht. Vielleicht mag sich das eine oder andere Kind auch eine Ansage überlegen.

WEITERE IDEEN

Alle Kinder,
- … die blonde/rote/braune/schwarze Haare haben.
- … die etwas Rotes/Blaues/Grünes/Gelbes tragen.
- … die gerne Rosenkohl essen.
- … die Pferde mögen.
- … die einmal Astronaut werden wollen.
- … die 3 Jahre/4 Jahre/5 Jahre/6 Jahre/7 Jahre alt sind.
- … die Spinnen mögen.
- … die Mädchen/Jungen sind.
- … deren Lieblingsfarbe Rosa/Blau/Grün ist.

Idee: Leah Schäfer

Spinne sucht Freund

Fingerspiel

Alter: ab 3 Jahren

Dauer: 5 Minuten

Die kleine Spinne ist ganz allein,
keiner will befreundet sein.
Mit einer Hand als Spinne über den Tisch krabbeln.

Müde hebt sie Bein und Bein,
ach, wie traurig ists allein.
Einzelne Finger der Hand anheben.

Da kommt die Schnecke Max vorbei,
die Spinne ist ihm einerlei.
Mit der anderen Hand als Schnecke vorbeikriechen.

Und hier kannst du Pipps, den Wichtel, sehen.
Der lässt die Spinne einfach stehen.
Mit zwei Fingern der anderen Hand angelaufen kommen und an der Spinne vorbeigehne.

Ein Mammut kommt aus einem Strauch,
tritt auf das Spinnchen beinah drauf!
Mit der anderen Faust auf den Tisch trommeln.

Doch dann kommt Fiep, die kleine Maus,
die nimmt die Spinne mit nach Haus!
In die Hände klatschen.

Idee: Tina Scherer

Aus diesem Land komme ich

Erzählkreis

Alter: ab 4 Jahren
Dauer: 20 Minuten
Material: Weltkarte, Papierfähnchen

WO KOMMT IHR DENN ALLE HER?

Machen Sie es sich mit den Kindern in einem Sitzkreis um eine Weltkarte gemütlich. Kann ein Kind zeigen, wo auf der Karte Deutschland liegt? Suchen Sie auch gemeinsam die Stelle, an der sich – ganz grob – Ihr Kindergarten befindet (im Norden, im Süden). Sprechen Sie über die Herkunft jedes Kindes. Fragen Sie Kinder mit Migrationshintergrund gezielt nach ihrem Heimatland und nach dem Heimatland ihrer Eltern oder Großeltern. Vielleicht haben auch andere Kinder Vorfahren oder Verwandte in anderen Ländern?

VON HIER KOMME ICH!

Suchen Sie gemeinsam diese Länder auf der Karte und lassen Sie die Kinder erzählen, was sie von diesem Land wissen: Wie ist das Wetter dort? Was gibt es dort Besonderes, zum Beispiel Berge oder ein Meer? Welche Sprache wird in diesem Land gesprochen? Auch spannend: Verfolgen Sie den Weg vom Heimatland bis nach Deutschland. Die Kinder können sich, wenn sie mögen, auch in die Weltkarte einzeichnen oder ein Fähnchen mit ihrem Namen darauf einstecken – entweder in Deutschland oder in das Land, in dem sie ihre Wurzeln haben. Besonders schön ist es, wenn Sie die Weltkarte später im Gruppenraum aufhängen.

Wie schmeckt Griechenland?

Ergänzend zum Erzählkreis können Sie die Heimatländer der Kinder auch kulinarisch erkunden. Sammeln Sie dafür von den Eltern typische Rezepte ein und kochen Sie diese mit den Kindern nach. Welche Länder interessieren die Kinder noch? Wo waren sie vielleicht schon im Urlaub? Gerichte aus den unterschiedlichsten Regionen der Welt sind immer ein kleines Abenteuer!

GUTEN APPETIT IN VERSCHIEDENEN SPRACHEN:

Griechisch: Kali orexi
Türkisch: Afi yet olsun
Italienisch: Buon appetito
Spanisch: Buen provecho
Norwegisch: Velbekomme
Französisch: Bon appetit

Idee: Anna Freitag

Schuhsalat

Kennenlernspiel

Alter: ab 3 Jahren
Dauer: 15 Minuten
Material: 1 großes Tuch, Hausschuhe der Kinder

ZEIGT HER EURE SCHUH

Die Mädchen und Jungen sitzen im Kreis. Jedes Kind zieht einen Hausschuh aus und stellt ihn in die Mitte. Ein großes Tuch wird darübergelegt. Die Schuhe werden anschließend unter dem Tuch vermischt.

WEM GEHÖRT DER SCHUH WOHL?

Das erste Kind beginnt. Es zieht – ohne darunterzuschauen – einen Schuh unter dem Tuch hervor und betrachtet ihn. Wem gehört er wohl? Dann geht es zu diesem Kind und stellt sich vor. „Ich heiße Tom." Das angesprochene Kind nennt ebenfalls seinen Namen: „Mein Name ist Amira."
Hat der Schuh seinen Besitzer wiedergefunden, darf er ihn anziehen. Gehört der Schuh jemand anderem, dürfen die anderen Kinder helfen.

Der Schuhbesitzer ist als Nächstes an der Reihe und zieht einen neuen Schuh unter dem Tuch hervor.

Das Spiel ist zu Ende, wenn alle Kinder wieder beide Schuhe anhaben.

VARIANTE

Wenn sich die Kinder schon besser kennen, zieht ein Kind einen Schuh. Wenn es sich sicher ist, wem er gehört, sagt es: „Der Schuh gehört Alina."
Daraufhin geht es zu dem genannten Kind und bringt ihm seinen Schuh. Hat der Schuh seinen Besitzer wiedergefunden, darf er ihn anziehen. Gehört der Schuh jemand anderem, dürfen die anderen Kinder helfen.

Idee: Leah Schäfer

Flaschendrehen

Kreisspiel

Alter: ab 3 Jahren
Dauer: 15 Minuten
Material: 1 leere Flasche

IMMER IM KREIS HERUM

Die Kinder sitzen in einem Kreis auf dem Fußboden. Die Flasche liegt in der Kreismitte.

Ein Kind beginnt und dreht die Flasche um ihre eigene Achse. Das Kind, auf den der Flaschenhals zeigt, wenn die Flasche aufhört sich zu drehen, nennt seinen Namen und muss eine zuvor festgelegte Aufgabe erledigen.

Danach beginnt eine neue Runde. Das Kind, auf das der Flaschenhals als Letztes gezeigt hat, darf jetzt die Flasche drehen.

BEISPIELE FÜR AUFGABEN

- 10-mal auf der Stelle hüpfen
- auf einem Bein hüpfen
- vorwärts/rückwärts durch den Raum hüpfen
- bis 5 oder 10 zählen
- etwas vorsingen
- 5 bis 10 Tiere aufzählen
- sein Lieblingsessen nennen
- 5 Hampelmänner machen

Idee: Leah Schäfer

Einer ist anders

Geschichte mit Erzählimpulsen

Alter: ab 3 Jahren
Dauer: 15 Minuten

Wie gehen Kinder damit um, wenn in ihrer Gruppe ein Kind mit körperlicher oder geistiger Behinderung aufgenommen wird? In der Vorlesegeschichte räumen Sie mit Vorurteilen auf, bevor sie entstehen.

Chris kommt in die Kita. Seine Augen sind noch winzig, weil er eigentlich noch schlafen wollte. Aber Mama muss zur Arbeit und deswegen sind sie schon ganz früh unterwegs. Als er die Tür zu seiner Gruppe öffnet, entdeckt er drinnen einen Jungen, den er noch nie gesehen hat. Der steht nicht da, er sitzt auch nicht in der Bauecke. Nein, er hockt in einem Stuhl, der Räder hat. Unsicher beobachtet Chris, wie der Junge an die Räder greift und den Stuhl umdreht.

„Schau mal, da kommt Chris", sagt die Erzieherin zu dem Jungen.

Der strahlt Chris mit großen blauen Augen an. „Hallo, ich bin Robin."

Chris kommt langsam näher. Er wartet darauf, dass Robin aus diesem komischen Stuhl aufsteht und ihm entgegenkommt. Aber Robin steht nicht auf. Stattdessen schiebt der sich an den Rädern an und rollt auf Chris zu. Direkt vor Chris' Füßen bremst er ab. Er streckt Chris die Hand entgegen. Unsicher erwidert Chris den Händedruck des fremden Jungen. Die Erzieherin stellt sich neben die beiden Jungs. „Robin sitzt im Rollstuhl."

„Meine Beine sind krank", erklärt Robin und zeigt Chris, dass er mit den Händen mithelfen muss, damit sich seine Beine bewegen.

„Aber, dann kannst du ja gar nicht spielen." Chris sieht Robin mit großen Augen an.

„Klar kann ich." Blitzschnell dreht Robin den Rollstuhl um und rast durch den Raum. Am Tisch bremst er, dass sich ein Reifen anhebt. Dann saust er in die Bauecke und stoppt gerade noch rechtzeitig vor dem großen Turm, den Chris gestern gebaut hat. Robin streckt sich und holt aus der Bausteinkiste einen Holzklotz heraus. Den setzt er geschickt auf den Turm. Strahlend schaut er Chris an. „Siehst du. Ich kann."

Chris folgt Robin in die Bauecke. Er kniet sich hin neben den Jungen auf den Boden. Einen Baustein nach dem anderen reicht er Robin und der setzt die Steine gekonnt auf die Turmspitze. Erst als der Turm so hoch ist, dass Robin die Spitze vom Rollstuhl aus nicht mehr erreichen kann, tauschen sie die Rollen. Chris stellt die Bausteinkiste neben Robin auf den kleinen Tisch und steigt auf einen Stuhl. Nun reicht Robin ihm die Bausteine aus der Kiste und Chris baut sie auf den Turm – bis der Turm so hoch angewachsen ist, dass auch Chris die Spitze nicht mehr erreichen kann.

„Das haben wir gut gemacht", sagt Robin zufrieden.

Chris klatscht seinen neuen Freund ab. „Irgendwie cool, dass wir so gut miteinander arbeiten können, finde ich."

IMPULSFRAGEN

- Kennt ihr jemanden, der im Rollstuhl sitzt?
- Wie stellt ihr euch das vor, nicht gehen zu können?
- Was denkt ihr, wie Robin sich fühlt?
- Gibt es etwas, das ihr nicht schafft, weil ihr zu klein, zu jung, zu ängstlich … seid?
- Wen würdet ihr um Hilfe bitten, wenn ihr etwas nicht alleine könnt?

Idee: Marion Bischoff

Wunderbare Kinder

Reim

Alter: ab 3 Jahren

Dauer: 15 Minuten

Heute habe ich entdeckt,
was in uns Kindern alles steckt.

Der eine groß, die andre klein,
wir müssen unterschiedlich sein.

Und doch sind wir auch manchmal gleich,
mal sind die Haare schwarz, mal bleich.

Die Augen sind mal grün, mal blau,
und wir wissen eins genau:

Ein jedes Kind ist wunderbar,
so ist es, wie es immer war.

Idee: Marion Bischoff

Das Eichhörnchen und die Nüsse

Merkspiel

Alter: ab 5 Jahren
Dauer: 15 Minuten

HALLO, ICH BIN MAX!

Die Kinder sitzen in einem Kreis. Das erste Kind stellt sich vor: „Ich heiße Max." Die anderen Kinder begrüßen das Kind und rufen: „Hallo Max!" Danach ist das zweite Kind an der Reihe. „Mein Name ist Clara." Auch hier begrüßen die Mädchen und Jungen das Kind und rufen: „Hallo Clara!" Als Nächstes ist das dritte Kind dran. „Ich bin Lisa." Wieder ruft die Gruppe: „Hallo Lisa!"
So geht es weiter, bis sich jedes Kind vorgestellt hat und von der Gruppe namentlich begrüßt wurde.

ICH PACKE MEINE NÜSSCHEN

Danach ist das erste Kind – in diesem Fall Max – wieder an der Reihe. Es sagt: „Das Eichhörnchen hat viele Nüsse und teilt sie mit Max." Dann geht es der Reihe nach weiter. „Das Eichhörnchen hat viele Nüsse und teilt sie mit Max und Clara." Das dritte Kind sagt: „Das Eichhörnchen hat viele Nüsse und teilt sie mit Max, Clara und Lisa."

Jedes Kind wiederholt die Namen seiner Vorgänger und setzt seinen eigenen an den Schluss – ganz wie bei dem Spiel „Ich packe meinen Koffer". Das Spiel ist zu Ende, wenn jedes Kind einmal an der Reihe war. Wenn ein Kind nicht mehr weiter weiß, dürfen die anderen helfen.

Tipp:
Variieren Sie das Spiel nach Jahreszeit oder Gegebenheit:
In der Weihnachtszeit könnte es zum Beispiel so heißen: „Der Weihnachtsmann hat viele Geschenke. Er bringt sie zu …"
Zu Ostern vielleicht so: „Der Osterhase hat bunte Eier dabei. Er versteckt sie für …"
Oder zum Fasching: „Der Clown wirft mit Konfetti. Er trifft …"

Idee: Leah Schäfer

Regenwurm Kringel

Massagespiel

Alter: ab 4 Jahren

Dauer: 10 Minuten

Kennst du den Regenwurm Kringel?
Mit dem Zeigefinger über den Rücken Schlangenlinien malen.

Er kriecht bei Regen
Mit den Fingerspitzen Regen tropfen lassen.

und bei Sturm
Mit den Handflächen kurze Bewegungen nach rechts und links machen.

in deinem großen Garten rum,
das mag er sehr, findet's gar nicht dumm.
Mit dem Zeigefinger auf dem Rücken einen großen Kreis malen.

Im grünen Salat hat er sich versteckt,
weil dieser ihm so prima schmeckt.
Mit der Handfläche mehrmals einen kleinen Kreis reiben.

Da kommt die Mutter angerannt,
hat den Regenwurm Kringel gleich erkannt.
Zeige- und Mittelfinger laufen über den Rücken.

Sie ruft: „Geh weg, lass das doch sein!“

Mehrmals schnell mit der Handfläche über den Rücken wischen.

Da schlüpft er in die Erde rein.

Der Zeigefinger malt Schlangenlinien, die dann in der Achselhöhle verschwinden.

Die Mutter geht zurück ins Haus,
da kommt Kringel wieder raus.

Der Zeigefinger malt Schlangenlinien über den Rücken.

Und frisst sich durch den roten Kohl,
da fühlt sich Kringel richtig wohl.

Der Zeigefinger kratzt an verschiedenen Stellen auf dem Rücken.

Und als es fängt zu regnen an,

Mit den Fingerspitzen Regentropfen über den Rücken regnen lassen.

der Wurm sein Glück kaum fassen kann!

Mit dem Zeigefinger langsam über den Rücken in einer Schlangenlinie fahren und dann beide Handflächen leicht auf die Schulterblätter drücken, dort eine Zeit ruhen lassen.

Idee: Annegret Frank

Der Ameisenbär

Kreisspiel

Alter: ab 4 Jahren

Dauer: 15 Minuten

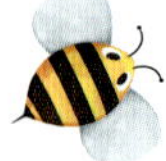

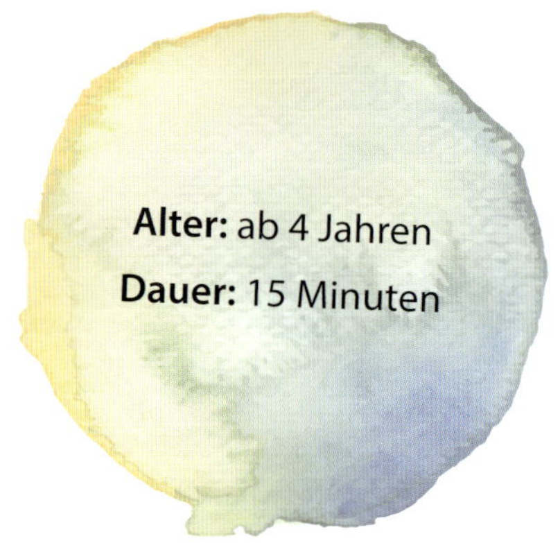

ICH BIN DIE AMEISE

Die Kinder sitzen im Stuhlkreis. Ein Freiwilliger spielt die Ameise und geht kurz vor die Tür. Der Stuhl dieses Kindes wird beiseitegestellt.

Jetzt wird ein Kind zum Ameisenbär bestimmt. Dieses Kind bleibt auf seinem Stuhl sitzen und darf sich zunächst nicht zu erkennen geben.

WER BIST DU?

Nun wird das Ameisen-Kind wieder zurück ins Zimmer geholt. Es geht reihum und sagt: „Ich bin die Ameise. Und wer bist du?“
Das angesprochene Kind antwortet und nennt seinen Namen: „Ich bin Carlotta.“

Kommt die Ameise zum Ameisenbären, sagt dieser: „Ich bin der Ameisenbär.“

Sobald die Kinder das Wort „Ameisenbär“ hören, müssen alle aufstehen und sich schnell einen neuen Platz suchen.

Das Kind, das am Schluss übrig ist, darf die neue Ameise sein und vor die Tür gehen. Es wird ein neuer Ameisenbär bestimmt und das Spiel beginnt von vorn.

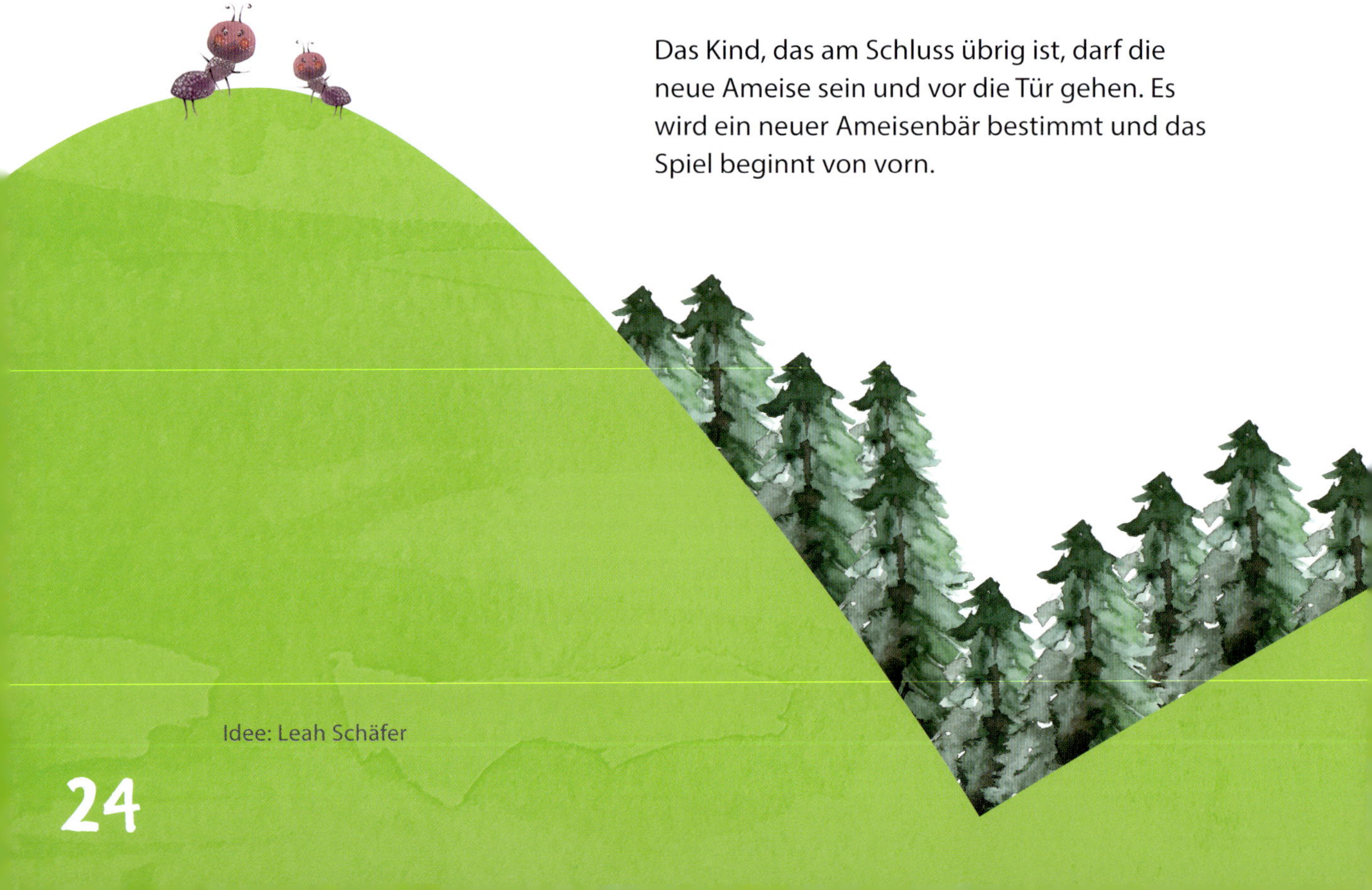

Idee: Leah Schäfer

Wanderbälle

Weitergabespiel

Alter: ab 4 Jahren
Dauer: 15 Minuten
Material: Musik, 2 mittelgroße Bälle

Heute ist es gar nicht heiß,
wir stellen uns in einen ________ (Kreis).

Und wir geben froh und heiter,
den Ball an unsren Nachbarn ________ (weiter).

Stoppt die Musik mit einem Knall,
dann bleibt bei dir der runde ________ (Ball).

Dann kannst du es auch gleich wagen,
und uns deinen Namen ________ (sagen).

UND SO GEHT'S:

Die Kinder sitzen oder stehen im Kreis. Schalten Sie die Musik ein. Während diese läuft, geben zwei Kinder jeweils einen Ball an ihren linken Nachbarn weiter. Dabei sprechen alle gemeinsam den Reim.

Sobald die Musik stoppt, nennen die beiden Kinder, bei denen der Ball sich in diesem Moment befindet, ihren Namen.

Danach geht es weiter.

Idee: Leah Schäfer

Ich sitze hier im Grünen

Kreisspiel

Alter: ab 4 Jahren

Dauer: 15 Minuten

MEIN RECHTER, RECHTER PLATZ IST LEER

Die Grundversion des Spiels: Die Kinder sitzen in einem Stuhlkreis. Es ist ein Platz mehr vorhanden, als Kinder da sind. Besprechen Sie mit den Mädchen und Jungen, wo rechts und wo links ist. Malen Sie den Kindern gegebenenfalls einen roten Punkt auf die rechte Hand.

Das Kind, das links von dem freien Stuhl sitzt, beginnt. Es klopft im Rhythmus auf den Stuhl und spricht dabei: „Mein rechter, rechter Platz ist leer. Ich wünsche mir den Leon her." Das gewünschte Kind fragt zurück: „Als was soll ich kommen?" Darauf nennt das erste Kind ein Tier: „Als Elefant." Das Kind, das den Platz tauschen soll, bewegt sich dann wie das genannte Tier (Elefant) hinüber zu seinem neuen Platz.

Dann ist das nächste Kind dran, das links von dem nun freien Stuhl sitzt, und sagt: „Mein rechter, rechter Platz ist leer. Ich wünsche mir die Lina her."

Das Spiel dauert so lange, bis jedes Kind mindestens einmal seinen Platz gewechselt hat.

VARIANTE: ICH SITZE IM GRÜNEN

Die Kinder sitzen in einem Stuhlkreis. Es ist ein Platz mehr vorhanden, als Kinder da sind. Stellen Sie die Stühle so, dass links und rechts von den Stühlen ein kleiner Zwischenraum vorhanden ist.

Besprechen Sie mit den Mädchen und Jungen, wo rechts und wo links ist. Malen Sie den Kindern gegebenenfalls einen roten Punkt auf die rechte Hand.

Das Spiel wird im Uhrzeigersinn gespielt. Das Kind, das links von dem freien Stuhl sitzt, sagt: „Ich sitze …“ Das Kind daneben sagt: „… im Grünen …“ Das nächste Kind sagt: „… und wünsche mir …“ Das vierte Kind nennt daraufhin einen Namen: „… die Mia/den Paul.“

Das gewünschte Kind versucht daraufhin, möglichst flott aufzustehen und zu dem freien Stuhl zu gelangen. Die beiden Kinder, die links und rechts von diesem Kind sitzen, müssen schnell reagieren und versuchen, es festzuhalten.

Gelingt es dem Kind, den Stuhl zu erreichen, geht die neue Runde wieder links von dem nun freien Stuhl los. Schafft es das Kind nicht, sich zu befreien, beginnt das Spiel von Neuem. In dieser Runde fängt dann das Kind an, das den Namen (Mia/Paul) genannt hat.

Tipp: Kennen sich die Kinder noch nicht so gut, kann auch auf das Kind gezeigt werden. Im Anschluss an die jeweilige Spielrunde wird dann der Name genannt. So prägen sich die Mädchen und Jungen die Namen nach und nach ein.

Idee: Leah Schäfer

Ball zuwerfen

Ballspiel

Alter: ab 3 Jahren
Dauer: 15 Minuten
Material: Ball

HIER, FANG!

Die Kinder stehen in einem Kreis. Sie werfen sich gegenseitig einen Ball zu. Das Kind, das den Ball fängt, nennt laut und deutlich seinen Namen („Ich heiße Emma."). Danach sucht sich dieses Kind einen neuen Mitspieler aus, dem es den Ball zuwirft.

Das Spiel geht so lange, bis jedes Kind mindestens einmal seinen Namen gesagt hat.

VARIANTE

Wenn sich die Kinder schon länger kennen, nimmt ein Kind den Ball in die Hand und schaut sich in der Runde um. Dann ruft es laut und deutlich den Namen eines Mitspielers und wirft den Ball hoch in die Luft.

Das Kind, dessen Name genannt wurde, muss nun versuchen, den Ball zu fangen.

Dann geht es in die nächste Runde.
Ein neues Kind wird aufgerufen.

Das Spiel ist beendet, wenn die Kinder keine Lust mehr haben. Jedes Kind sollte aber mindestens einmal aufgerufen worden sein.

Idee: Leah Schäfer

Der Namenszug ist unterwegs

Musikspiel

Alter: ab 3 Jahren
Dauer: 15 Minuten
Material: Musik

ALLE AUFSTELLEN!

Die Mädchen und Jungen stellen sich hintereinander auf. Jedes Kind legt seine Hände auf die Schultern seines Vordermannes.

Sie schalten die Musik ein und der Zug setzt sich in Bewegung.

Wenn die Musik stoppt, bleibt der Zug stehen und das erste Kind des Zuges – bzw. die Lokomotive – koppelt sich ab und geht zum letzten Waggon. Dieses Kind begrüßt es mit einem „Tut-tut" und sagt ihm, wie es heißt: „Ich bin Paul." Das angesprochene Kind nennt ebenfalls seinen Namen: „Ich heiße Mila."

UND WEITER GEHT'S!

Dann hängt sich die Lokomotive hinten an den letzten Waggon. Der erste Waggon wird zur neuen Lokomotive und führt den Zug nun an. Die Musik wird erneut gestartet.

Das Spiel wird so lange gespielt, bis jedes Kind einmal Lokomotive war und sich mit dem letzten Waggon bekannt machen konnte.

Idee: Leah Schäfer

Tauschbörse

Kreisspiel

Alter: ab 3 Jahren
Dauer: 15 Minuten

AUF DIE PLÄTZE, FERTIG, TAUSCH!

Die Kinder sitzen oder stehen im Kreis. Der Spielleiter sagt: „Jetzt tauschen alle Kinder die Plätze, die ein rotes Oberteil tragen." Daraufhin stehen diese Kinder auf und suchen sich einen neuen Platz. Jetzt wird gemeinsam geschaut, ob alles gepasst hat oder ob jemand fehlt. Dabei werden, ganz nebenbei, noch die Namen der Kinder gelernt: „Richtig, Timo hat ein rotes T-Shirt an und Jakob einen roten Pullover."

NOCH EINE RUNDE

In der nächsten Runde suchen Sie eine neue Gemeinsamkeit aus, zum Beispiel: „Jetzt tauschen alle Kinder die Plätze, die eine kleine Schwester haben."

Das Spiel wird so lange gespielt, bis jedes Kind mindestens einmal den Platz gewechselt hat.

WEITERE IDEEN

Jetzt tauschen alle Kinder die Plätze,
… die 5 Jahre alt sind.
… die braune Haare haben.
… die blaue Socken tragen.
… die einen großen Bruder haben.
… die am liebsten Pommes essen.
… die gern Fußball spielen.
… die auf einem Bein hüpfen können.

Idee: Leah Schäfer

Kapitel 2

Teamspiele

Das Schildkröten-Team

Kooperationsspiel

Alter: ab 4 Jahren

Dauer: 20 Minuten

Ort: Bewegungsraum

Material: Matten, Kegel, Pylonen oder andere Hindernisse, Seile oder Straßenkreide

WIR SIND DICK GEPANZERT!

Bei diesem Spiel meistern die Kinder als Schildkröten einen kleinen Parcours. Markieren Sie dafür mit Kreide oder Seilen Start und Ziel. Zwischen der Start- und der Ziellinie stellen die Kinder die Kegel oder Pylonen als Hindernisse auf.

Die Kinder suchen sich jeweils einen Partner und dürfen heute als Zweierpaar eine Schildkröte sein. Dafür stellt sich das erste Paar in den Vierfüßlerstand hintereinander auf. Nun braucht die Schildkröte noch einen schützenden Panzer. Legen Sie den Kindern eine feste Matte über die Rücken.

IMMER DRUMHERUM

Nun krabbelt das erste Paar um die Hindernisse herum und muss dabei aufpassen, die Matte auf dem Rücken zu behalten. Verliert das Paar die Matte, kann es sich diese wieder auf den Rücken legen und bis zum Startpunkt zurückkrabbeln.

Dort steht schon das nächste Schildkrötenpaar bereit und wartet auf seinen Panzer. Die Kinder versuchen, den Panzer an das nächste Paar weiterzugeben. Wenn alle Kinder einmal den Parcours durchlaufen haben, ist das Spiel vorbei.

Idee: Monika Laut-Zimmermann

Schweigsame Tiere

Nonverbales Spiel

Alter: ab 3 Jahren

Dauer: 30 Minuten

Material: Bildkarten von Tieren, Malutensilien

WIE MALT MAN EINEN HUND?

Legen Sie für dieses Spiel Bilder von Tieren (zum Beispiel Hund, Ente, Frosch, Spinne, Pferd, Schmetterling) verdeckt auf einem Tisch bereit. Die Kinder bekommen Malpapier und Stifte.

Alle Kinder sitzen mit einem Blatt Papier und einem Stift am Gruppentisch. Der kleinste Spieler darf nach vorne treten und eine der vorbereiteten Bildkarten ziehen.

GENAU HINSCHAUEN!

Er beschreibt den anderen Kindern das abgebildete Tier auf nonverbaler Ebene, indem er es beispielsweise ohne Geräusche vormacht.

Die Aufgabe der anderen Kinder ist es nun, das Tier zu malen. Auch sie dürfen dabei nicht sprechen. Sobald alle fertig sind, zeigt jeder sein Gemälde. Wer das richtige Tier gemalt hat, darf nun ein Tier vormachen. Wenn mehrere Kinder einen Treffer hatten, wird geknobelt oder die Kinder kommen der Reihe nach dran. Hat keiner das Tier erraten, darf es das Kind noch einmal versuchen.

Idee: Aline Kurt

Sanitäter und Elemente

Spiele ohne Verlierer

Alter: ab 3 Jahren
Dauer: je 10 Minuten

Spiel 1 | **SANITÄTER**

Material: Turnmatte, Mannschaftsbänder

Legen Sie in die Mitte des Raumes eine Turnmatte. Sie ist in diesem Spiel ein Krankenhaus. Wählen Sie zwei Kinder aus, die Viren darstellen. Diese versuchen, die anderen Kinder zu fangen. Gefangene Kinder legen sich „krank" auf den Fußboden.

Die ungefangenen Kinder werden dann zu Sanitätern. Sie transportieren – immer zu zweit – ein krankes Kind zum Krankenhaus (Turnmatte), wo es wieder gesund wird und erneut mitmachen kann. Dabei dürfen die Sanitäter nicht gefangen werden.

VARIANTE

Die Kinder im Krankenhaus erfüllen Zusatzaufgaben, bevor sie wieder mitspielen: zum Beispiel auf der Turnmatte zehn Hampelmänner springen.

Spiel 2 | **FEUER, WASSER, LUFT**

Material: Musik

Die Kinder finden sich zu zweit zusammen. Spielen Sie die Bewegungsmusik ab. Die Mädchen und Jungen bewegen sich dabei einzeln quer durch den Raum.
Stoppen Sie nach einer Weile die Musik. Die Paare finden sich nun möglichst schnell wieder. Sagen Sie einen der Begriffe *Feuer*, *Wasser* oder *Luft*. Zu jedem Begriff gibt es eine Bewegungsaufgabe für die Kinder. Diese muss so schnell wie möglich von den Paaren ausgeführt werden.

BEWEGUNGSAUFGABEN

Feuer: Die Kinder laufen Hand in Hand in eine Ecke.

Wasser: Ein Kind macht eine Brücke (Vierfüßlerstand) und das andere Kind setzt sich vorsichtig auf den Rücken des Partnerkindes.

Luft: Die Kinder legen sich auf den Bauch übereinander.

Idee: Britta Bartoldus

Hungriges Faultier

Fangspiel

Alter: ab 4 Jahren
Dauer: 15 Minuten
Material: Kissen

IMMER MIT DER RUHE ...

Gibt es Tiere, die sich kaum bewegen, und wenn, dann nur ganz langsam? Gucken Sie mit den Kindern im Internet Videos von Faultieren: Sie bewegen sich wirklich ganz, gaaanz langsam. Ob die Kinder das nachmachen können? Gern liegen Faultiere beispielsweise auf einem Ast und machen … gar nichts.

Bei diesem Spiel sind alle Kinder kleine Insekten. Dazu darf sich jedes Kind aussuchen, welches Insekt es gern sein möchte. Im Regenwald bei den Faultieren gibt es beispielsweise Heuschrecken, Gottesanbeterinnen, Käfer, Fliegen … Von diesen Insekten ernährt sich das Zweifingerfaultier – aber nur, wenn es schnell genug ist, um sich einen der kleinen Krabbler zu fangen.

MACH MAL LANGSAM!

Die Insekten (alle Kinder bis auf eines) suchen sich ein geschütztes Plätzchen: Das kann etwa ein Sofa sein, ein Stuhl, ein Tisch, unter dem sie sich verkriechen können, oder eine Decke, unter die sie schlüpfen können. In diesen Verstecken sind die Insekten vor dem Faultier sicher. Ein Kind spielt das Faultier. Es darf sich nur ganz langsam bewegen. Es liegt faul in der Raummitte, etwa auf einem Kissen. Auf das Kommando **„Das Faultier hat Hunger!“** müssen sich alle Insekten schnell ein neues Plätzchen suchen. Dann geht das Faultier auf Beutezug, allerdings ganz langsam. Fängt es ein Insekt durch (sanftes!) Abschlagen, setzt dieses Kind aus und ruht sich am Spielfeldrand aus.

INS SPIEL GESTREICHELT

Seine Insektenfreunde können es durch Streicheln wieder mit ins Spiel holen. Darum ist dieses Spiel niemals zu Ende, solange sich die Insekten streicheln. Erwischt das Faultier kein Insekt, darf es sich immer schneller bewegen, bis es ein Insekt erbeutet. Die Rolle des Faultiers sollten Sie allerdings öfter neu besetzen. Finden die Kinder selbst eine Einigung, wer wann das Faultier spielen darf? Wie kommen die Kinder zu Beschlüssen und wie legen sie Spielregeln fest? Unterstützen Sie die Kinder hier nur, falls unbedingt nötig!

Idee: Tina Scherer

Hüpfender Frosch

Kreisspiel

Alter: ab 3 Jahren

Dauer: 10 Minuten

Material: Softball, Sitzkissen

SEI KEIN FROSCH!

Legen Sie die Sitzkissen in einem großen Kreis aus. Es gibt einen Platz weniger als Kinder.

Die Kinder nehmen im vorbereiteten Sitzkreis Platz. Schnell werden sie merken, dass ein Platz zu wenig vorhanden ist. Derjenige, der keinen Platz gefunden hat, wird kurzerhand zum Frosch ernannt.

Der Frosch stellt sich nun in die Kreismitte. Die anderen Kinder versuchen, den Frosch an den Füßen mit dem Ball zu treffen, indem sie diesen gegen den Frosch rollen. Um nicht getroffen zu werden, darf der Frosch dem Ball hüpfend ausweichen. Wer den Frosch trifft, der wird der neue Frosch und stellt sich in die Kreismitte.

Der alte Frosch darf sich dann auf den frei gewordenen Platz setzen. Spielen Sie das Spiel so lange, wie es Ihnen und den Kindern Freude bereitet.

Idee: Aline Kurt

Schmelzende Scholle

Kooperationsspiel

Alter: ab 4 Jahren

Dauer: 15 Minuten

Material: Tageszeitung, blaues Betttuch

Polareis im Gruppenraum

Legen Sie das blaue Betttuch aus. Bilden Sie ein großes Quadrat aus den einzelnen Zeitungsbögen. Die Zeitungsblätter symbolisieren die Eisscholle. Achten Sie darauf, dass diese groß genug ist, sodass hier alle Kinder darauf Platz finden.

Eisbär voraus!

Erzählen Sie den Kindern, dass sie nun alle Eisbären sind und auf der Eisscholle treiben. Das blaue Tuch ist das Meer. Jeder Eisbär darf sich auf der Eisscholle ein Plätzchen suchen und muss aufpassen, nicht ins Meer zu fallen.

Sobald alle Kinder auf der Eisscholle stehen, nehmen Sie eine Zeitungsseite weg. Das Eis beginnt zu schmelzen. Aufgabe der Kinder ist es, dafür Sorge zu tragen, dass keiner von der Scholle fällt.

Verfahren Sie auf diese Weise, bis der erste Eisbär ins Meer fällt. Überlegen Sie dann gemeinsam mit den Mädchen und Jungen, wie es dazu kommen konnte. Entwickeln Sie einen Plan, wie bei der nächsten Runde alle Eisbären gemeinsam auf der Eisscholle reisen können.

Idee: Aline Kurt

Fußumriss-Nachlauf

Bewegungsspiel

Alter: ab 4 Jahren
Dauer: 20 Minuten
Ort: draußen
Material: Straßenkreide

Auf Schritt und Tritt

Dieses Spiel gelingt am besten im Freien auf einer asphaltierten Fläche. Zeichnen Sie mit Straßenkreide eine Start- und eine Ziellinie auf, die nicht allzu weit voneinander entfernt liegen. Die Kinder bilden Paare. Ein Kind setzt seinen Fuß auf, sein Partner malt den Fußumriss mit Straßenkreide nach. So zeichnen die Paare einige Fußumrisse, dann wechseln sie die Rollen und das andere Kind setzt seine Füße auf, während der Partner die Umrisse nachzeichnet.

Einer nach dem Anderen

Auf diese Weise erzeugt jedes Paar eine Strecke mit Fußumrissen, die immer von der Start- an die Ziellinie führen soll. Dann nehmen die Paare an der Startlinie Aufstellung. Auf ein Startsignal hin, etwa „Füße los!", beginnt ein Partner die Strecke abzulaufen, indem er seinen Fuß immer in die Fußumrisse setzt. Direkt hinter ihm startet der andere Partner. Wenn alle Paare die Ziellinie erreicht haben, ist das Spiel zu Ende.

Wer ist der Erste?

Als Wettspiel gespielt gewinnt das Paar, das die Ziellinie als Erstes erreicht hat. Aber Vorsicht: Wer seinem Partner von hinten an die Füße tritt oder wer neben einen Fußumriss tritt, der muss zurück zur Startlinie!

Idee: Tina Scherer

Kräfte messen einmal anders

Rangelspiele

Alter: ab 3 Jahren
Dauer: je 10 Minuten

Spiel 1 | **SCHILDKRÖTEN**

Material: Turnmatten

Für eine Schildkröte ist es am schlimmsten, auf dem Rücken zu landen. Die Kinder finden sich zu Paaren zusammen. Ein Kind liegt auf dem Bauch auf der Turnmatte. Das andere Kind probiert, es auf den Rücken zu drehen.

Spiel 2: **AB IN DIE PFÜTZE**

Material: Gymnastikreifen

Die Kinder bilden Dreier- oder Viererteams. Die Mädchen und Jungen halten sich in einem Kreis an den Händen. Ein Gymnastikreifen (Pfütze) liegt in der Kreismitte auf dem Boden. Jetzt versuchen sie, sich gegenseitig in den Gymnastikreifen zu ziehen.

Spiel 3 | **BALLDUELL**

Material: Turnmatten, Gymnastikbälle

Die Kinder finden sich zu Paaren zusammen. Sie holen sich zusammen eine Turnmatte und einen Gymnastikball. Die Kinder setzen sich auf die Turnmatte. Ein Kind hält den Gymnastikball fest. Das andere Kind versucht, den Ball zu bekommen.

Spiel 4 | **RUNTER VON DER MATTE!**

Material: Turnmatten

Die Kinder bilden Paare. Sie treffen sich kniend in der Mitte der Turnmatte. Auf ein Startsignal hin versuchen die Kinder, sich gegenseitig von der Turnmatte zu schieben. Verloren hat das Kind, das als Erstes den Boden berührt.

Spiel 5 | **KOMM AUF MEINE SEITE!**

Material: Malerkrepp

Die Kinder gehen zu zweit zusammen. Kleben Sie für jedes Paar eine etwa 1 Meter lange Linie aus Malerkrepp auf den Boden. Die Kinder stellen sich gegenüber an der Linie auf. Sie halten sich mit einer Hand fest. Jetzt versuchen die Partner, sich gegenseitig über diese Linie zu ziehen.

Spiel 6 | **RÜCKENKAMPF**

Die Kinder finden sich zu Paaren zusammen und setzen sich Rücken an Rücken auf den Boden. Jetzt versuchen sie, sich gegenseitig wegzuschieben.

WICHTIGE REGELN, DAMIT SICH NIEMAND VERLETZT

Ringen und Raufen soll wichtig sein? Und ob! Wie bei Streitigkeiten und anderen Konflikten bieten auch das Ringen und Raufen Möglichkeiten für vielfältige soziale und emotionale Lernprozesse. Kinder können sich dabei austoben und ihrem Bewegungsdrang nachkommen. Sie haben Körperkontakt und stellen erste soziale und körperliche Vergleichsprozesse an.

Damit nichts passiert, hier die wichtigsten Regeln:

- Wir tun unserem Partner nicht weh! Also, kein Beißen, Kneifen, Treten, Hauen und so weiter.
- Wenn der Partner „Stopp!" ruft, wird das Spiel sofort unterbrochen.
- Es wird kein Schmuck getragen! Das ist gefährlich und kann mich und andere verletzen!

Idee: Britta Bartoldus

Schwebende Stifte

Geschicklichkeitsspiel

Alter: ab 4 Jahren
Dauer: 5 Minuten
Material: Malerkrepp, Filzstifte

STIFTE UNTERWEGS

Bei diesem Spiel transportieren die Kinder Stifte. Das klingt zu einfach? Deswegen ist eine kleine Schwierigkeit eingebaut!

Markieren Sie mit dem Malerkrepp eine Start- und eine Ziellinie auf dem Boden. Die Distanz darf dabei ruhig einige Meter betragen.

FINGERSPITZENANGELEGENHEIT

Bitten Sie die Kinder, sich einen Partner auszuwählen. Sind alle Paare gebildet, erhält jedes Team einen Stift. Diesen Stift müssen die Paare nun nur mithilfe ihrer Zeigefinger von der Startposition bis zur Ziellinie transportieren. Dazu stellen sich die Partner nebeneinander auf und strecken einander ihren Zeigefinger entgegen. Hier klemmen Sie dann den Stift ein.

Sind alle Paare bereit, stellen sie sich nebeneinander auf der Startlinie auf. Sobald Sie das Startsignal erteilen, eilen die Kinder auf die Ziellinie zu. Fällt der Stift hinunter, muss das Team zurück auf die Startposition.

Gewonnen hat das Team, das zuerst mit dem Stift die Ziellinie überquert.

Tipp: Bei schönem Wetter können Sie das Spiel auch im Freien durchführen. Die Start- und die Ziellinie können Sie hier dann, je nach Untergrund, mit zwei Springseilen markieren oder mit Kreide aufzeichnen.

Idee: Aline Kurt

Verknotete Hände

Kooperationsspiel

Alter: ab 3 Jahren
Dauer: 10 Minuten

AUGEN ZU UND HÄNDE NACH VORN

Die Kinder stellen sich dicht nebeneinander in einem Kreis auf. Auf Ihr Zeichen hin schließen alle Mädchen und Jungen die Augen und strecken ihre Hände zur Kreismitte.

HALT MIR DIE HAND!

Jeder greift nun mit geschlossenen Augen mit jeder Hand nach einer anderen Hand und hält diese fest. Sobald Sie sehen, dass alle Hände ein Pendant gefunden haben, öffnen die Kinder ihre Augen wieder.

Nun beginnt der schwierigste Teil des Spiels. Im Team müssen die Kinder nun versuchen, diesen entstandenen Knoten wieder zu lösen, ohne jedoch die Hände loszulassen.

Dieses Spiel kann nur gelingen, wenn alle Hand in Hand arbeiten. Der Fantasie der Kinder sind hier keine Grenzen gesetzt. Sie können sich drehen, die Hände über den Kopf ziehen, drüber steigen usw. Nur eines dürfen sie auf keinen Fall: die Hände loslassen.

Idee: Aline Kurt

Disco-Tänze

Tanzspiele

Alter: ab 4 Jahren
Dauer: je 10 Minuten

Spiel 1 | STOPP-TANZ

Material: Karnevals- oder Disco-Musik

Lassen Sie die Musik laufen. Die Kinder tanzen frei durch den Raum. Sobald die Musik stoppt, müssen alle genau in der Bewegung verharren, die sie gerade ausgeführt haben (so ähnlich wie im Märchen „Dornröschen", wo der gesamte Hofstaat einschläft). Dabei kommen sicherlich sehr lustige Figuren zustande. Sobald die Musik wieder einsetzt, darf weitergetanzt werden.

Spiel 2 | SPIEGLEIN, SPIEGLEIN

Material: Hut

Ein Kind setzt den Hut auf. Es ist der Vortänzer und zeigt Bewegungen, die die anderen Kinder nachtanzen oder nachmachen (spiegeln). Sobald der Hutträger seinen Hut jemand anderem aufsetzt, ist nun dieses Kind der Vortänzer. Besonders lustig wird das Spiel, wenn der Vortänzer ulkige oder seltsame Bewegungen vortanzt.

Spiel 3 | LUFTBALLON-TANZ

Material: Luftballons

Immer zwei Kinder bekommen einen Luftballon. Beim Tanzen müssen die Paare nun aufpassen, dass ihnen der Ballon nicht hinunterfällt. In der ersten Runde halten die Paare ihren Ballon beispielsweise zwischen den Stirnen fest, dann mit dem Bauch, dem Po usw.

Idee: Michaela Hinsen

U-Bahn

Geschicklichkeitsspiel

Alter: ab 3 Jahren
Dauer: 5 Minuten
Material: 2 Softbälle

SIND ALLE ABFAHRBEREIT?

Teilen Sie die Kinder in zwei gleich große Gruppen ein.

Beide Teams stellen sich nun jeweils in einer Reihe hintereinander auf. Dabei müssen alle Kinder ihre Beine leicht grätschen. Das vordere Kind erhält einen Softball.

Auf ihr Zeichen hin, rollt das vordere Kind in jeder Gruppe den Ball durch die Füße seiner Teammitglieder. Kommt er wohlbehalten beim hinteren Kind an, nimmt dieses den Ball und stellt sich an den Anfang der Schlange. Es rollt nun den Ball nach hinten.

ACHTUNG IM TUNNEL!

Gerät der Ball (die U-Bahn) jedoch in einen Stau – bleibt er also irgendwo hängen –, muss das vordere Kind sein Glück erneut versuchen. Die Teammitglieder dürfen jedoch helfen, indem sie dem Ball rechtzeitig ausweichen.

Auf diese Weise verfahren die Teams, bis jeder wieder an seiner Ausgangsposition steht. Gewonnen hat die Gruppe, der dies zuerst gelingt.

Idee: Aline Kurt

Von Kissen und Decken

Kooperationsspiele

Alter: ab 4 Jahren

Dauer: je 10 Minuten

Spiel 1 | **DRUNTER UND DRÜBER**

Material: 1 Decke für jedes Kinderpaar

Die Kinder gehen zu zweit zusammen. Jedes Team erhält eine Decke, legt diese auf den Boden und stellt sich darauf. Die Paare bekommen nun die Aufgabe, die Decke umzudrehen.

Die Schwierigkeit: Sie dürfen weder die Hände benutzen noch miteinander reden.
Die Decke verlassen dürfen sie auch nicht. Jetzt gilt es, ganz ohne Worte, verschiedene Strategien zu entwickeln. Lassen Sie die Kinder ein paar Durchgänge probieren.

Anschließend kommen alle Teams auf einer großen Decke zusammen und probieren, diese als Gruppe umzudrehen. Es gelten die gleichen Regeln wie für die Zweiergruppen!

Idee: Aline Kurt

Spiel 2 | **KISSENKARUSSELL**

Material: 1 Kissen

Die Kinder liegen nebeneinander auf dem Rücken und strecken die Beine nach oben. Auf die Füße des ersten Kindes legen Sie ein kleines Kissen. Dieses Kissen müssen die Kinder nun von Fuß zu Fuß durch die Reihe geben – mit den Händen zu helfen, ist nicht erlaubt.

Ziel ist es, das Kissen bis zum letzten Kind durchzugeben. Schaffen die Kinder auch noch den Rückweg?

VARIANTE

Schwieriger wird es, wenn die Kinder im Kreis liegen und das Kissen immer rundherum wandern muss.

Wenn Atome Freundschaft schließen

Fangspiel

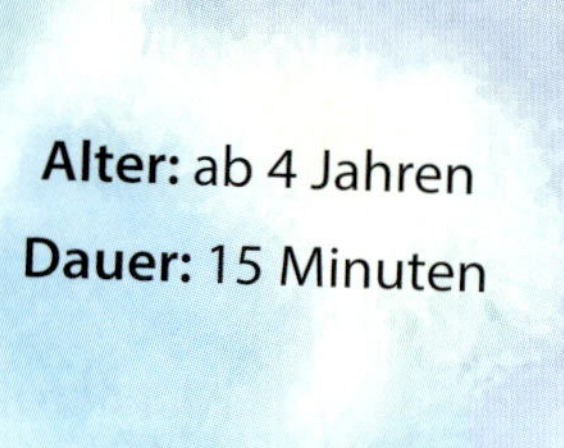

Alter: ab 4 Jahren

Dauer: 15 Minuten

HIER HERRSCHT ANZIEHUNGSKRAFT

Eine große wilde Kindergruppe? Das Atomspiel bringt Spaß und Abwechslung und begleitet die Kinder durch das Austoben in die Ruhe.

Zwei Kinder sind die Atome: Sie fassen sich an den Händen und werden zu einem Molekül. Gemeinsam läuft das Zwei-Kinder-Molekül durch den Raum. Die anderen Kinder laufen als Atome ebenfalls umher. Gelingt es dem Molekül, ein Atom zu berühren, so nehmen die beiden Kinder das Kind mit an die Hand, bis eine immer längere Atomkette oder Molekülschlange entsteht, die sich durch den Raum schlängelt.

Die Atome, die zum Schluss noch übrig bleiben, können in der nächsten Spielrunde das Molekül bilden.

VARIANTE: LIMONADE

Alle Kinder schwirren als Atome im Raum umher, so ähnlich wie Luftblasen in der Limonade. Rufen Sie nun eine Zahl in den Raum, etwa: „Drei!" Alle Atome finden sich zu Dreiergruppen zusammen. Dabei müssen sich die Kinder gut absprechen.

Es kommt hier darauf an, schnell Gruppen bilden zu können. Die Mädchen und Jungen sollten darum nicht darauf bestehen, mit ihrem besten Freund eine Gruppe zu bilden, sondern eher achtgeben, dass sie schnell korrekte Gruppen bilden. Das bringt auch Kinder zusammen, die sonst nicht viel miteinander spielen, und ermöglicht vielleicht sogar neue Freundschaften.

Idee: Tina Scherer

Der Kitzelkönig

Nonverbales Spiel

Alter: ab 3 Jahren

Dauer: 10 Minuten

Material: Augenbinde, Matte

WER KITZELT MICH DA?

Bei diesem Spiel müssen sich die Kinder ganz ohne Worte absprechen.
Einem Kind werden die Augen verbunden. Dieses Kind macht es sich nun auf der ausgebreiteten Matte gemütlich.

Sobald das Kind bequem liegt, entscheiden die anderen, wer das Kind an den Füßen kitzeln darf. Um sich nicht im Vorfeld zu verraten, dürfen die Kinder dabei jedoch nicht sprechen.

Ist der Kitzelkönig benannt, darf er das liegende Kind an den Füßen kitzeln – oder an einer anderen Stelle, die vorher abgesprochen wird. Im Anschluss tippen Sie das liegende Kind kurz an. Es darf jetzt die Augenbinde abnehmen und raten, von wem es gekitzelt wurde.

Anschließend darf das nächste Kind mit verbundenen Augen auf der Matte Platz nehmen und sich kitzeln lassen.

Idee: Aline Kurt

Die Straßenfeger

Kooperationsspiel

Alter: ab 3 Jahren

Dauer: 15 Minuten

Material: viele unterschiedliche robuste Bälle, viele Besen (Kehrschaufelbesen, Kinderbesen, Handfeger …), große Kartons oder Wäschekörbe

DIE STRASSENFEGER KOMMEN!

Legen Sie zwei oder drei große Kartons oder ersatzweise Wäschekörbe auf die Schmalseiten, sodass die Öffnung nach vorne zeigt. Dann schütten Sie eine Riesenladung Bälle auf den Boden. Jedes Kind kann sich einen Besen seiner Wahl aussuchen. Bieten Sie den Kindern kleine Handfeger, lange Besen, trockene Wischmops oder Spielzeugbesen an. Schon beim Aussuchen des Kehrgerätes müssen sich die Kinder einigen, und verhandeln, wer welches bekommt. Schreiten Sie hier so wenig wie möglich ein.

Dann kann das Spiel beginnen. Die Kinder sollen die Bälle mit den Besen in die Kartons fegen und diese dabei möglichst nicht mit den Händen berühren. Dabei werden sich die Mädchen und Jungen eventuell gegenseitig vor die Füße laufen, sich Bälle wegkehren oder sich behindern. Auch hier sind von den Kindern Absprache und Rücksichtnahme gefordert.

GEGEN DIE UHR

Fehlt es an Zusammenhalt in der Gruppe, geben Sie den Kindern eine Zeit vor: „Ich stelle die Uhr auf 1 Minute. Schafft ihr es, in dieser Zeit alle Bälle in die Kartons zu kehren?" Stellen Sie eine Stoppuhr. Nun werden die Kinder vielleicht schon mehr zusammenarbeiten.

WER MACHT WAS?

Vielleicht finden die Kinder clevere Ideen, wie die Bälle in den Kartons bleiben, anstatt wieder hinauszukullern. Vielleicht verteilen sie Aufgaben: Kinder, die die Körbe halten (mit den Besen), und Kinder, die die Bälle herankehren. Lassen Sie solche Strategien zu und ermutigen Sie die Mädchen und Jungen zur Zusammenarbeit.

Idee: Tina Scherer

Klemm den Ball

Kooperationsspiel

Alter: ab 3 Jahren

Dauer: 10 Minuten

Material: Gummibälle (Durchmesser ca. 20 cm), Tanzmusik

EIN BALLTÄNZCHEN

Die Kinder gehen immer zu zweit zusammen. Jedes Team bekommt einen Ball. Die Kinder stellen sich Bauch an Bauch und klemmen zwischen ihren Bäuchen den Ball ein. Nun startet die Musik und jedes Paar beginnt zu tanzen. Dabei müssen die Kinder darauf achten, den Ball nicht zu verlieren.

Hier gilt es, Strategien zu entwickeln, wie sie sich bewegen können und gleichzeitig den Ball festhalten. Sicher gehen die Kinderpaare unterschiedlich vor. Beobachten Sie das Geschehen und geben Sie den Pärchen, die Schwierigkeiten haben, entsprechende Tipps.

WIE KLAPPT ES AM BESTEN?

In den folgenden Tanzrunden kann der Ball auch zwischen den Hüften, den Knien, den Rücken usw. geklemmt werden. Was war für die Kinder am leichtesten. Können sie das begründen?

Marion Bischoff

Verknotete Beine

Kooperationsspiel

Alter: ab 4 Jahren
Dauer: 15 Minuten
Ort: Bewegungsraum
Material: unterschiedliche Turngeräte, 1 Schal für jedes Team

Hürden im Weg

Bei diesem Parcours kommt es auf Geschick und Teamgeist an: Bauen Sie im Bewegungsraum aus verschiedenen Turngeräten kleine Hindernisse auf, zum Beispiel: eine Matte über eine Bank legen, einen Hindernislauf mit Pylonen, Kästen, über die die Kinder steigen müssen usw.

Im Team kein Problem!

Die Kinder gehen dann immer zu zweit zusammen. Verbinden Sie nun die Paare im wahrsten Sinne des Wortes miteinander. Dazu stellen sich die Partner nebeneinander auf. Fixieren Sie das rechte Bein des einen Kindes und das linke Bein des anderen Kindes mit einem Schal. Jedes Team durchläuft nun auf diese Weise den vorbereiteten Parcours.

Idee: Aline Kurt

Kapitel 3

Spiele für den Gruppenzusammenhalt

Das ist unsere Gruppe

Memo-Spiel

Alter: ab 3 Jahren

Dauer: 30 Minuten

Material: Digitalkamera, Farbdrucker, Blanko-Memokarten, Laminiergerät, Klebstoff

WER GEHÖRT ZU UNS?

Das Zusammengehörigkeitsgefühl zu stärken, ist oft eine große Herausforderung! Mit diesem Spiel, das die Kinder gemeinsam gestalten, schaffen Sie eine gute Grundlage, denn spielerisch erfahren die Kinder immer wieder aufs Neue, wer zu ihnen gehört.

ICH SEHE ALLES DOPPELT!

Machen Sie im Kindergartenalltag Fotos aller Kinder. Besonders schön ist es, wenn Sie die Bilder in Spielsituationen aufnehmen. Besprechen Sie mit der Gruppe, was für sie in ihrem Raum besonders wichtig ist und was unbedingt dazugehört. Auch diese Dinge (etwa Puppenecke, Bausteine, Bilderwand) werden fotografiert. Machen Sie zudem Fotos der Erzieherinnen. Jedes Foto wird doppelt ausgedruckt und auf Memo-Karten geklebt. Wenn Sie diese anschließend laminieren, halten sie länger. Sobald neue Kinder in die Gruppe kommen oder sich im Erzieherteam ein Wechsel ergibt, aktualisieren Sie Ihr Gruppen-Memo. Spielerisch lernen die Kinder bei diesem Spiel ihre Gruppenmitglieder namentlich kennen. Oftmals kommen sie miteinander ins Gespräch darüber, wer auf den Fotos wo spielt.

Idee: Marion Bischoff

Nicht den Boden berühren

Geschicklichkeitsspiel

Alter: ab 4 Jahren
Dauer: 10 Minuten
Ort: Bewegungsraum
Material: verschiedene Turngeräte, Stift und Block

KLETTERWALD IM BEWEGUNGSRAUM

Mit Matten, Bänken und Kästen bauen Sie einen Parcours, über den die Kinder klettern können, ohne zwischendurch den Boden berühren zu müssen.

Setzen Sie sich mit den Kindern in einem Kreis auf dem Boden zusammen und erzählen Sie von Pippi Langstrumpf. Berichten Sie von dem besonderen Mädchen in der großen Villa und ihrer Geburtstagsfeier. Dann wird es spannend, denn die Kinder erfahren, dass Pippi „Nicht den Boden berühren" gespielt hat und dabei über Tische und Schränke geklettert ist.

WIE WOLLEN WIR SPIELEN?

Das spielen die Kinder heute auch und hierfür dürfen sie eigene Regeln schaffen. Notieren Sie die Regelvorschläge der Kinder und lesen Sie sie anschließend vor. Die Kinder entscheiden gemeinsam, welche drei Regeln eingehalten werden müssen.

Helfen Sie durch eigene Impulse, wie zum Beispiel:

- Man darf den Boden nur mit den Knien berühren.
- Man darf zwischendurch nur einen Schritt auf dem Boden machen.
- Man muss auf drei Geräten gewesen sein, ehe man einmal den Boden berühren darf.

Sicher kreieren die Kinder viele eigene Regelvorschläge und entscheiden auch, ob sie gegenseitig auf die Einhaltung der Regeln achtgeben oder ob Sie die Spielleiterin sein sollen.

IRGENDWELCHE ÄNDERUNGEN?

Nun startet das Spiel und alle Kinder beginnen den Parcours. Am Ende treffen sich alle wieder, überlegen, welche Regeln gut waren und welche nicht und legen neue fest. Das Spiel beginnt von vorn.

Idee: Marion Bischoff

Bäumchen im Wind

Geschichte mit Balanceübung

Alter: ab 5 Jahren
Dauer: 30 Minuten

Vor vielen Jahren war auf einer Wiese über Nacht ein großes Loch entstanden. Erdforscher, Fernsehleute, die Zeitung und viele Schaulustige waren angereist. Alle wollten das geheimnisvolle Loch sehen. Aber keiner hatte herausgefunden, wie dieses Loch entstanden ist. Die einen sagten, der Boden unter der Erde sei ausgespült worden. Die anderen behaupteten: „Da war früher ein Haus, das ist jetzt eingestürzt, und weil es so groß und schwer war, ist es ganz tief in die Erde hineingefallen." Manche meinten sogar, dass das Loch durch ein Erdbeben entstanden sei. Doch schon nach einem Jahr kümmerte sich keiner mehr darum. Niemand dachte mehr an das wundersame Loch. Nach und nach lief es mit Regenwasser voll und so entstand ein kleiner See. Das Traurige an der Sache war nur, dass ein paar schöne Bäume in den See hineingefallen waren. Das Loch hatte ihnen den Boden weggenommen. Im Herbst fegte der Wind kalt und rau über das Wasser. Kein Strauch, kein Ast war mehr zu sehen.

Eines Tages versteckte ein Eichhörnchen ein paar Kastanien am Rande des Sees. Es wollte für den Winter Vorräte anlegen. Denn im Winter, wenn der Schnee die Erde bedeckt, ist es für Eichhörnchen schwer, Nahrung zu finden. Da es jedoch ein kurzer, milder Winter wurde, brauchte das Eichhörnchen die Kastanien nicht mehr. Und als die Früchte des Waldes im Frühjahr wieder wuchsen, hatte das Eichhörnchen die Kastanien vergessen. Es wurde Sommer und an der Stelle, an der das Eichhörnchen die Kastanien vergraben hatte, gleich neben dem See, wuchs ein Kastanienbaum. Erst zart und klein, und dann immer größer.

Und als es wieder Herbst wurde, legte das Eichhörnchen am See abermals ein Vorratslager an. Dieses Mal vergrub es neben den Kastanien noch Birkensamen. Seine Verwandten, die das sahen, fanden die Idee gut. Und so taten sie dasselbe.

Nach ein paar Jahren war die Landschaft rund um den See wie verwandelt. Ein Ring aus Kastanien- und Birkenbäumen hatte sich um den See gebildet und aus der trostlosen Gegend war wieder ein schönes Fleckchen Erde geworden. Doch der Wind war immer noch kalt und rau und zerrte an den Baumkronen. Und so passierte es, dass einige junge und schwache Bäumchen ins Wasser stürzten. Das war sehr schade, denn die großen Bäume hatten sich sehr über die neuen Kameraden gefreut. Aber was konnten sie gegen den Wind tun?

Die noch übrig gebliebenen Bäume beschlossen schließlich, sich gegenseitig zu helfen. Sie schlangen ihre Äste ganz fest ineinander, und so konnte der kalte und raue Wind ihnen nichts mehr anhaben. So sehr sie auch hin- und hergefegt wurden: sie hielten zusammen. Und so entstand im Laufe der Jahre um den See ein wunderschöner, dichter Wald.

Nicht umfallen!

Bitten Sie die Kinder, einen Kreis zu bilden. Teilen Sie die Mädchen und Jungen abwechselnd in Birke und Kastanie auf. Alle fassen sich fest an den Händen. Nun lehnen sich die Kastanien vorsichtig nach hinten. Die Birken lehnen sich in Richtung Kreismitte dagegen. Jedes Kind versucht, die Kräfte der Gegenseite auszugleichen. Wenn die Kinder die Balance gefunden haben, lassen Sie sie ein paar Sekunden in dieser Haltung ausharren. Das stärkt das Gefühl des Zusammenhalts und der Einheit. Die Übung erfordert Ausdauer und Geschick. Rechnen Sie damit, dass die Kinder öfter das Gleichgewicht verlieren oder Teile des Kreises umfallen. Allein das Einlassen auf die Übung ist ein gruppenbildender Vorgang.

Das Vogeltänzchen

Spiellied für zwei

Alter: ab 3 Jahren
Dauer: 15 Minuten

1 Hier im Garten, um zu warten, pfeift ein kleiner Vogel.
Hier im Garten, um zu warten, pfeift ein kleiner Vogel.
Hört euch nur den Vogel an, wie er lustig pfeifen kann.
Hier im Garten, um zu warten, pfeift ein kleiner Vogel.

2 Leise, leise um die Ecke, kommt das Vogelmädchen.
Leise, leise um die Ecke, kommt das Vogelmädchen.
Lauscht dem kleinen Vogelmann, was er lustig pfeifen kann.
Leise, leise um die Ecke, kommt das Vogelmädchen.

3 Miteinander, miteinander, pfeifen sie ein Ständchen.
Miteinander, miteinander, pfeifen sie ein Ständchen.
Halten sich am Flügel fest, tanzen wie sich's tanzen lässt.
Miteinander, miteinander, pfeifen sie ein Ständchen.

4 Spät am Abend, wenn es Nacht wird, tanzen sie noch immer.
Spät am Abend, wenn es Nacht wird, tanzen sie noch immer.
Der Mond macht die Laterne an, lacht ihnen zu und freut sich dran.
Spät am Abend, wenn es Nacht wird, tanzen sie noch immer.

(Melodie: Auf der Mauer, auf der Lauer)

UND SO GEHT'S:
Je ein Kind ist der Vogeljunge und eines das Vogelmädchen. Gehen Sie das Lied vorher gemeinsam durch und überlegen Sie, wie man das Vogeltänzchen spielen könnte. Sie können auch mehrere Vogelpärchen bilden, so sind alle Kinder involviert.

Idee: Marion Bischoff

Du bist toll

Lied

Alter: ab 3 Jahren

Dauer: 10 Minuten

Lieber **Anton**, lieber **Anton**,
du bist toll, du bist toll!
Beim **Malen** bist du spitze, beim **Malen** bist du spitze,
du bist toll, du bist toll!

(Melodie: Bruder Jakob)

UND SO GEHT'S:
Ein Kind sitzt in der Kreismitte, die anderen sitzen im Stuhlkreis. Gemeinsam entscheiden die Kinder, was das Kind in der Mitte besonders gut kann (zum Beispiel: singen, rennen, bauen, schneiden).
Dann singen Sie das Lied, das individuell auf dieses Kind angepasst wird, indem Sie zu Beginn den Namen des Kindes einsetzen. Alle Kinder singen mit.

Idee: Marion Bischoff

Leo und Chris in der Scheune

Geschichte mit Erzählimpulsen

Alter: ab 3 Jahren
Dauer: 10 Minuten

Leo wohnt zusammen mit seinen Eltern und seinen Großeltern auf dem großen Bauernhof am Stadtrand. Sie haben einen Stall für die Kühe und einen für die Hühner. Leos Opa fährt oft mit seinem roten Traktor über die Wiesen. Manchmal dürfen Leo und sein Freund Chris sogar mitfahren. Aber heute sind sie wieder einmal bei der alten Scheune. Leo liegt vor der Scheune auf der Wiese und hat die Augen zu. Er kaut auf einem Grashalm. Chris steht auf und geht zum hölzernen Scheunentor.

„Leo! Komm schnell", zischt Chris seinem Freund zu.

„Was denn?" Leo blinzelt Chris aus einem Auge entgegen. „Was willst du denn von mir?"

„In der Scheune. Ich habe ein Geräusch gehört. Ich glaube, da ist was drin!" Aufgeregt deutet Chris in die Richtung des großen Bretterschuppens.

Endlich steht Leo auf und trottet hinter seinem Freund her. Chris legt ein Ohr ans Tor und flüstert: „Jetzt höre ich nichts." Doch dann reißt er die Augen auf. „Doch! Jetzt. Hör mal!" Leo lauscht ebenfalls. Und da hört auch er dieses leise Rascheln. Dann ist es wieder ruhig.

„Wir müssen rein und nachschauen." Chris rüttelt am Tor.

Leo schiebt ihn beiseite. „So geht es nicht auf. Wir müssen den Riegel zurückschieben." Er drückt gegen den Eisenriegel, der die Tür zuhält, aber der bewegt sich überhaupt nicht. „Hilf mir mal", ächzt Leo.

Chris stellt sich ganz dicht neben seinen Freund und sie drücken beide gegen den Riegel. Auf einmal macht es „ratsch", der Riegel rutscht durch den Schieber und die beiden Freunde fallen nach vorn ins Gras. Sie schauen sich an und fangen an zu lachen.

Dann hebt Leo die Hand. „Hörst du das auch?"

Es ist kein Rascheln mehr, was aus der Scheune kommt, eher so ein leises Jammern.

„Ist das spannend", ruft Chris und springt auf. „Los, lass uns endlich hineingehen."

Leo steht auch auf und gemeinsam schieben sie das schwere Scheunentor zur Seite. Drinnen ist es dunkel und riecht nach Heu. Bis unter die Decke sind hier Heuballen aufgeschichtet, die Leos Opa auf den Feldern gepresst hat.

„Hmm, das riecht gut", flüstert Chris.

„Psst!" Leo schubst seinen Freund an.

Idee: Marion Bischoff

Ganz vorsichtig, wie die Indianer, setzen die beiden einen Fuß vor den anderen. Plötzlich raschelt es neben ihnen. Erschrocken springt Chris zur Seite.

Es ist zu dunkel und sie können nichts erkennen.

Jetzt raschelt es auf der anderen Seite und Leo bleibt sofort stehen. „Irgendwas ist da im Heu", flüstert er ganz leise. Er nimmt Chris an die Hand. Das hier ist doch alles ein wenig unheimlich.

„Vielleicht ein wildes Tier?", raunt Chris ihm zu.

Leo schüttelt den Kopf. „Wie soll das denn hier hereinkommen?"

Die beiden beschließen, sich ganz still hinzusetzen und zu warten. Langsam gewöhnen sich ihre Augen an die Dunkelheit in der Scheune.

Auf einmal springt ihnen etwas entgegen. Leo kreischt auf und hält sich die Augen zu. Chris rollt sich zur Seite. Und dann hören sie dieses leise Miauen. Leo öffnet die Augen wieder. Vor ihm sitzt eine Katze und reibt sich an seinem Bein. „Hast du mich erschreckt." Leo lacht und streichelt das weiche Fell.

Jetzt rutscht auch Chris wieder her. Die Katze sieht die beiden Jungs an, als wollte sie ihnen etwas sagen. Und da hören sie auch schon wieder dieses leise Jammern. Die Katze springt auf den dicken Heuballen und verschwindet dann dahinter. Leo und Chris klettern ihr hinterher.

Da entdecken sie die Katzenbabys. Fünf kleine Kätzchen liegen im Heu und jammern. Die Katzenmama hat den Buben den Weg zu ihren Kindern gezeigt. Chris und Leo schauen sich begeistert an.

„Cool!", sagen sie, wie aus einem Mund.

Chris kniet sich neben die Kätzchen und streichelt sie. Die Katzenmama kuschelt sich schon wieder an Leo.

„Ich glaube, die mag dich." Chris lächelt seinen Freund an. „Ich mag dich auch!"

„Danke." Leo beugt sich ein wenig vor und klopft seinem Freund auf die Schulter.

IMPULSFRAGEN

- Was haben Leo und Chris in der Scheune erlebt?
- Habt ihr auch einen guten Freund?
- Was kann man mit Freunden machen?
- Hattet ihr schon mal in einer Situation Angst? Hat euch ein Freund dann geholfen?
- Ist man zusammen vielleicht mutiger?

Weil wir Freunde sind

Klatschspiel

Schau dir deine Hände an, *(Hände hin- und herdrehen.)*
sie halten zusammen *(Hände ineinanderknoten.)*
und drücken sich dann. *(Handschlag von der linken zur rechten Hand.)*
Ich schütze dich auch ganz geschwind, *(Einander die Hände halten.)*
weil wir die besten Freunde sind.

Schau dir deine Rechte an, *(Rechte Hand vorstrecken.)*
sie hat fünf Finger und daran *(Mit der linken Hand die Finger antippen.)*
sind Nägel, die man schneiden kann. *(Schneidebewegungen nachahmen.)*
Ich schütze dich auch ganz geschwind, *(Einander die Hände halten.)*
weil wir die besten Freunde sind.

Schau dir deine Linke an, *(Linke Hand vorstrecken.)*
mit der man so gut streicheln kann, *(Mit der linken über die rechte Hand streicheln.)*
ganz sacht fährt sie am Kinn entlang. *(Am Kinn entlangfahren.)*
Ich schütze dich auch ganz geschwind, *(Einander die Hände halten.)*
weil wir die besten Freunde sind.

UND SO GEHT'S:
Immer zwei Kinder stehen sich gegenüber und führen die Bewegungen durch – entweder gleichzeitig oder abwechselnd hintereinander, falls die Koordination von links und rechts noch zu schwierig ist.

Idee: Marion Bischoff

Ein Domino von uns

Kreatividee

Alter: ab 3 Jahren

Dauer: 20 Minuten

Material: Digitalkamera, Kartonstreifen, Scheren, Klebstoff

WELCHES KIND GEHÖRT ZUR GRUPPE?

Wie heißen wir? Wie viele sind wir insgesamt? Wie sehen wir aus? Alle diese Fragen können Sie während dieses Dominospiels beantworten. Die älteren Kinder können es für die gesamte Gruppe herstellen. Mitspielen können später alle Kinder, auch schon die Kleinen. Machen Sie von allen Kindern Fotos und drucken Sie das Foto jedes Kindes viermal etwa in Passbildgröße aus.

PARTNERBILDER GESUCHT

Jedes Kind erhält vier Kartonstreifen. Diese müssen so lang und so breit sein, dass zwei Passbilder nebeneinander darauf Platz finden. Auf der einen Seite klebt das Kind sein eigenes Foto. Als Partnerfoto auf der anderen Seite des Streifens sucht es sich ein anderes Kind aus, geht zu ihm hin und bittet es, eines seiner Fotos dazuzukleben. Auf diese Weise stärken Sie die Kommunikation der Kinder untereinander und zugleich die Wertschätzung füreinander. Hat ein Kind bereits alle seine Fotos „vergeben", lernt es auch, bei einem anderen Kind „Nein" zu sagen.

Wenn alle Streifen beklebt sind, können die fertigen Foto-Dominosteine gemischt werden und los geht es mit einer Runde Domino.

Idee: Marion Bischoff

Blindes Vertrauen

Hindernisparcours

Alter: ab 3 Jahren
Dauer: 30 Minuten
Ort: Bewegungsraum
Material: Bank, Kegel, Kasten, Ball, Matte, Igelball, Gymnastikreifen, Augenbinde

ICH VERTRAU DIR!

Freunde vertrauen einander. Was blindes Vertrauen wortwörtlich bedeutet, erfahren Ihre Kinder bei diesem Hindernisparcours. Hier steht die Bewegung an sich nicht im Fokus, sondern die Erfahrung, sich auf das zu verlassen, was der Partner sagt.

Bereiten Sie im Turnraum einen Hindernisparcours vor (siehe nächste Seite). Jedes Kind sucht sich einen Partner, mit dem es die Bewegungseinheit gemeinsam angeht. Einem Kind werden die Augen verbunden. Das andere Kind nimmt seinen „blinden" Partner an die Hand und führt ihn zunächst einfach nur durch den Raum. So haben die Kinder mit den verbundenen Augen Gelegenheit, sich an die neue Situation zu gewöhnen.

Tipp: Bei jüngeren Kindern beginnen Sie am besten mit nur einer Übung. So gewöhnen sich schon die Jüngsten an die neue Situation, und auch daran, sich blindlings auf jemanden zu verlassen.

1. Station: Das Kind mit der Augenbinde legt sich auf eine Bank und zieht sich darüber. Das sehende Kind muss dabei Anweisungen geben und auch erklären, wann die Bank zu Ende ist.

2. Station: Die Kinder durchlaufen einen Hindernisparcours mit Kegeln. Dabei gilt es, die aufgestellten Kegel möglichst nicht zu berühren. Beginnen Sie mit weiten Abständen und verringern Sie sie entsprechend, sobald die Kinder sicherer sind.

3. Station: Die Aufgabe ist es, einen Ball in das dafür vorgesehene „Tor" zu werfen, das in diesem Fall aus einem umgedrehten Kasten besteht.

4. Station: Das „blinde" Kind steht in einem am Boden liegenden Reifen und hüpft wieder heraus. Traut es sich auch zu, rückwärts wieder hineinzuhüpfen?

5. Station: Das nicht sehende Kind legt sich auf eine Matte am Boden und das andere Kind massiert es mit einem Igelball. Die taktile Wahrnehmung verstärkt sich dadurch, dass das Kind nichts sieht.

Idee: Marion Bischoff

Freundschaftssteine

Kreatividee

Alter: ab 4 Jahren

Dauer: 10 Minuten

Material: 2 Kieselsteine für jedes Kind, Fingerfarben, Pinsel, Wackelaugen, Dekomaterial, Klebstoff

BUNTE STEINE FÜR DIE FREUNDSCHAFT

Bei dieser Idee gestalten die Mädchen und Jungen bunte Steine, die sie ihren Freunden schenken können. Treffen Sie sich mit den Kindern am Basteltisch und bitten Sie sie, jeweils zwei Freundschaftssteine zu gestalten. Dabei sind der Kreativität der Kinder keine Grenzen gesetzt. Jedes Kind bemalt und beklebt seine Kieselsteine so, wie es sie selbst haben möchte.

ICH SCHENK DIR WAS

Nach dem Trocknen setzen Sie sich mit den Kindern im Kreis zusammen und jedes Kind bringt seine Freundschaftssteine mit.

Das erste Kind steht auf, übergibt seinen Freundschaftsstein an ein anderes Kind aus dem Kreis, und sagt auch, warum es seinen Stein diesem Kind schenkt. Nun ist dieses Kind an der Reihe, zu einem anderen Kind zu gehen usw.
Dieses Spiel setzen Sie so lange fort, bis kein Kind mehr seine eigenen Steine hat.

Entscheiden Sie mit den Kindern, ob die Steine am Ende alle wieder eingesammelt werden oder ob die beschenkten Kinder ihre Freundschaftssteine mitnehmen dürfen.

Idee: Marion Bischoff

Als der Bär in Ruhe schlafen wollte

Klanggeschichte

Alter: ab 4 Jahren

Dauer: 15 Minuten

Material: Trommel, viele Rasseln

Es lag und schlummerte ein Bär,
das Schlummern mochte er so sehr.

Mit den Fingerspitzen auf der Trommel streichen.

Er reckt sich, gähnt, schläft wieder ein,
da klingt es in seinen Schlaf hinein.

Ein Mal auf die Trommel schlagen.

Ein Brummen von kleinen Tieren,
der Bär stellt sich auf, auf allen vieren.

Rasseln.

Die Bienen summen laut umher,
dem Bär gefällt das nicht so sehr.

Heftig rasseln.

Er legt sich hin, schläft wieder ein,
da klingt es in seinen Schlaf hinein.

Ein Mal auf die Trommel schlagen, dann rasseln.

Die Bienen summen um ihn herum,
mit lautem Gebrumm und Gesumm.

Ganz heftig rasseln.

Jetzt wird der Bär ein bisschen sauer,
weil dieser Lärm so lange dauert.

Rasseln und dabei auf die Trommel schlagen.

Er schlägt nach den Bienen, oh Schreck,
die Bienen fliegen wieder weg.

Auf die Trommel schlagen, die Rasseln werden immer leiser, verstummen.

Der Bär legt sich hin, schläft wieder ein,
da klingt es in seinen Schlaf hinein.

Ein Mal auf die Trommel schlagen, rasseln.

Die Bienen, die Bienen sind wieder hier,
jetzt ärgert sich das Bärentier.

Rasseln.

Da steht ein Töpfchen voll Honig herum,
ein Zettel hängt drumherum:

Ein Mal auf die Trommel schlagen.

Lieber Bär, wir geben was ab,
halten dich nicht mehr vom Schlafen ab!
Deine Bienen

Rasseln und langsam verstummen.

Idee: Tina Scherer

Der Freundebaum

Vorlesegeschichte

Alter: ab 4 Jahren

Dauer: 10 Minuten

Lilli ist traurig. Sie ist sogar so traurig, dass sie gar nicht bemerkt, wie ein winziges Vögelchen sich neben sie setzt. „Was ist mit dir?", fragt der kleine Vogel mit seiner Piepsstimme.
„Ich bin traurig." Lilli schnieft. Dann hebt sie überrascht den Kopf. „Wer spricht denn da mit mir?" Sie sieht sich um, kann aber niemanden sehen. „Ich. Hier, neben dir!" Das Vögelchen flattert in die Höhe und setzt sich dann gleich wieder neben Lilli.
„Wer bist du?", will Lilli wissen. „Ich bin Fiepsi. Und du bist Lilli, stimmts?" Lilli nickt.

„Warum bist du denn traurig?" Fiepsi flattert wieder hoch. „Ich bin immer so allein. Ich habe keine Freunde. Niemand will mit mir spielen."
„Echt?" Fiepsi sieht Lilli eine Weile an. „Aber warum denn nicht? Wieso will niemand mit dir spielen?"
„Keine Ahnung. Vielleicht weil ich eine Brille habe." Fiepsi schüttelt den Kopf.
„Oder weil ich so klein bin." Wieder schüttelt Fiepsi den Kopf. „Oder weil … ach, ich weiß es nicht."
„Ich glaube, du musst mal mitkommen zum Freundebaum." Fiepsi fliegt aufgeregt durch die Luft. „Freundebaum? Was soll ich denn dort? Ich habe keine Freunde."
„Komm mit. Ich bin sicher, beim Freundebaum findest du etwas."

Lilli überlegt kurz, dann läuft sie hinter Fiepsi her. Sie muss sich ganz schön beeilen, denn Fiepsi fliegt schnell in Richtung der nahen Bäume. Einer der Bäume ist besonders groß. An seinen Ästen hängen dicke Früchte. Je näher Lilli kommt, umso seltsamer findet sie das. Die Früchte glänzen im Sonnenlicht. Sie sehen ein bisschen aus wie Äpfel, aber auch wie Kirschen oder Pfirsiche? Lilli weiß nicht, was sie denken soll.
Jetzt steht sie direkt unter dem Baum. Über ihr hängt eine solche Frucht und Fiepsi lässt sich auf Lillis Schulter nieder. „Was sind das für Früchte?", fragt Lilli.
Da bewegt sich plötzlich die Rinde am Baumstamm. Der Baum hat Augen, die Lilli freundlich anschauen, und es sieht aus, als hätte er Lippen, die sich bewegen. „Das sind Freundschaftsfrüchte. Nimm dir eine."
Lilli greift über sich und zerrt an der glänzenden Frucht. Aber sie lässt sich nicht abreißen. Lilli zieht fester und stöhnt, weil sie sich so sehr anstrengt, die Zweige geben nach, aber die Frucht lässt sich nicht abreißen. „Es geht nicht", jammert Lilli.

„So geht das nicht", erklärt der Baum. „Du musst dir die Frucht genau anschauen."
Lilli steigt auf einen dicken Stein, der unter dem Baum liegt, um die Frucht besser sehen zu können. Auf einmal entdeckt sie auf der glänzenden Schale das Gesicht von Merle. Lilli mag Merle, weil die so schön singen kann und auch immer mit den anderen Mädchen Mutter-Vater-Kind spielt. Aber Lilli hat sich noch nie getraut, Merle zu fragen, ob sie mitspielen darf.

„Du magst Merle, stimmts?", fragt der Baum.
Lilli nickt. „Hm."
„Dann geh zu ihr. Spiele mit ihr. Und sag ihr, dass du sie toll findest." Lilli spürt, wie es in ihrem Bauch kribbelt und sie fühlt sich auf einmal richtig mutig. Fiepsi fliegt vor ihr her, bis sie Merle in der Puppenecke vom Kindergarten entdecken.

„Los, geh zu ihr." Fiepsi winkt Lilli mit dem Flügel und steigt höher in die Luft.
Lilli atmet noch einmal tief durch. Dann geht sie zu Merle und fragt: „Darf ich mitspielen?"
Merle lächelt sie an. „Klar, komm. Willst du heute die Mutter sein? Oder lieber das Kind?" Lilli überlegt nicht lange. Dann sagt sie: „Die Mutter."
„Okay, ich bin das Kind", sagt Merle und schon beginnt das Spiel. Auch andere Kinder kommen dazu.

Lilli freut sich und hat großen Spaß. Zuerst spielen sie in der Puppenecke, dann bauen sie zusammen einen großen Turm und auf dem Spielplatz rutschen sie in einer langen Reihe die Rutschbahn hinunter. Lilli lacht laut, umarmt Merle immer wieder und freut sich. Da fällt ihr Fiepsi wieder ein. Doch der war nicht mehr zu sehen.
Als Lilli abends im Bett liegt, denkt sie über den Tag nach. Sie schließt die Augen und sieht Fiepsi und den Freundebaum wieder. „Danke", flüstert sie. Ohne die beiden hätte sie sich bestimmt nicht getraut, Merle anzusprechen.
Seit diesem Tag spielen Merle und Lilli immer zusammen, wenn sie sich sehen. Sie treffen sich sogar zu Hause und Merle sagt dann oft zu Lilli: „Du bist meine beste Freundin."

Idee: Marion Bischoff

Sind alle Kinder da?

Morgenkreisritual

Alter: ab 3 Jahren

Dauer: 10 Minuten

Material: Schachtel mit Halbedelsteinen

GUTEN MORGEN ALLE ZUSAMMEN!

Halten Sie eine Schachtel bereit, in der so viele Steine wie Kinder in der Gruppe sind. Prüfen Sie dann, ob alle Kinder anwesend sind. Hierzu darf jedes Kind reihum einen Stein aus der Schachtel nehmen und an ein anderes Kind weiterreichen. Dabei nennt es zuerst seinen eigenen Namen und dann den des zweiten Kindes. Am Schluss hat jedes Kind einen Stein in der Hand. In der Schachtel liegen Steine in der Anzahl der fehlenden Gruppenmitglieder. Überlegen Sie gemeinsam, welche Kinder heute nicht da sind und warum sie wohl fehlen.

Etwas schneller geht es, wenn Sie selbst für jedes Kind, das im Kreis sitzt, einen Halbedelstein aus der Schachtel nehmen („Paul ist heute da."). Übrig gebliebene Steine zeigen, dass an diesem Tag Kinder fehlen. Überlegen Sie gemeinsam, wer das sein könnte und warum diese Kinder wohl heute nicht da sind.
Für dieses Ritual eignen sich auch selbst gesammelte Kieselsteine, die mit goldener Farbe und Glitter verziert werden.

Idee: Kati Breuer

Die Wollknäuelspinne

Kreisspiel

Alter: ab 3 Jahren
Dauer: 10 Minuten
Material: Wollknäuel

WIR SPINNEN EIN NETZ

Im Kreis sitzend erhält eines der Kinder ein Wollknäuel, das es einem zweiten Kind zuwirft und dabei dessen Namen nennt. Das lose Fadenende muss es allerdings festhalten! Jedes Kind, das das Wollknäuel gefangen hat, hält wiederum ein Stück vom Faden fest, bevor es das Knäuel weiterwirft. Das Knäuel wandert kreuz und quer durch den Kreis. Und nach und nach entsteht so ein Spinnennetz. Machen Sie den Kindern Folgendes bewusst: Nur wenn alle Kinder zusammenarbeiten, wird das Netz halten. Jeder Einzelne ist also wichtig für das Gelingen.

Tipp: Wenn die Kinder im Festhalten der Fäden schon geübt sind, können sie einmal gemeinsam aufstehen und mitsamt ihrem Netz vorsichtig durch den Raum gehen.

Idee: Kati Breuer

Zehn große Bärenkinder

Lied

Alter: ab ca. 3 Jahren
Dauer: ca. 10 Minuten

Zehn große Bärenkinder wohnten in der Scheune,
eines wollt ins Hochhaus ziehn – da waren's nur noch neune.

Neun große Bärenkinder machten lauten Krach,
eines wollt es lieber leis', da waren's nur noch acht.

Acht große Bärenkinder holten gelbe Rüben,
eines wollte Traktor fahren, da waren's nur noch sieben.

Sieben große Bärenkinder besuchten eine Hex',
eines blieb im Hexenhaus, da waren's nur noch sechs.

Sechs große Bärenkinder hatten kaputte Strümpf,
eines musste alle stopfen, da waren's nur noch fünf.

Fünf große Bärenkinder entdeckten einen Stier,
eines blieb, um ihn zu füttern, da waren's nur noch vier.

Vier große Bärenkinder, die hörten Schreierei,
vor Angst lief eines schnell davon, da waren's nur noch drei.

Drei große Bärenkinder hatten einen Streit,
eines ließ die andern stehn, da waren's nur noch zwei.

Zwei große Bärenkinder kamen vorbei beim Schwein,
eines hat sich gleich verliebt, das andre war allein.

Ein großes Bärenkind, lief traurig hin und her,
ohne die andern Bärenkinder ist das Leben schwer.

Neun große Bärenkinder riefen laut: „Hurra!
Wir lassen dich doch nicht allein, drum sind wir wieder da."

(Melodie: Zehn kleine Kinderlein)

Idee: Marion Bischoff

Das Freunde-atelier

Kreatividee

Alter: ab 3 Jahren

Dauer: 10 Minuten

Material: Staffeleien mit Leinwänden oder Malpapier (50 cm × 60 cm), Pinsel, Fingerfarben, Fotos der Gruppe

WAS WISST IHR ÜBEREINANDER?

Die Fotos der Kinder der ganzen Gruppe liegen verdeckt auf dem Tisch. Bitten Sie die anwesenden Kinder, jeweils ein Foto zu ziehen und sich das Kind auf dem Bild genau zu betrachten. Die Kinder überlegen, was ihnen zu dem Kind auf dem Foto einfällt.

Sofern es den Mädchen und Jungen schwer fällt, selbst Ideen zu entwickeln, helfen Sie durch Impulsfragen:

- Weißt du, wie das Kind heißt?
- Weißt du, wie alt das Kind ist?
- Was spielt das Kind auf dem Foto am liebsten?
- Wo hast du mit diesem Kind schon einmal gespielt? Was habt ihr gespielt?
- Weißt du, was dieses Kind besonders gut kann?

Nun gestaltet das „Malkind" für das Kind auf seinem Foto ein individuelles Bild, auf das es all das malt, was es von dem anderen Kind weiß. Auf die Rückseite des Gemäldes kleben Sie das Foto des zugehörigen Kindes.

DIE FREUNDEGALERIE

Wenn alle Freundebilder gemalt sind, stellen Sie diese in der Gruppe aus und die Kinder versuchen, sich selbst zu entdecken. Das „Malkind" erklärt schließlich, was es gemalt hat und warum. So kommen die Kinder ins Gespräch, zeigen sich gegenseitig Wertschätzung und erfahren, was andere an ihnen gut finden.

Idee: Marion Bischoff

Du bist gut so, wie du bist!

Spiellied

Alter: ab 3 Jahren

Dauer: 5 Minuten

Ich mag mich gerne leiden,

Auf sich selbst zeigen.

und dich, dich mag ich auch!

Dem Nebenmann zunicken und den Daumen in die Luft strecken.

Ich mag uns alle beide,
ich mag uns alle beide.

Mit den Fingern zwischen sich selbst und dem anderen hin- und herzeigen.

Das kribbelt schön im Bauch,
das kribbelt schön im Bauch!

Mit der Hand den Bauch reiben.

(Melodie: Der Kuckuck und der Esel)

Idee: Petra Bartoli

Tom und die Sache mit der Schaukel

Geschichte mit Erzählimpulsen

Alter: ab 4 Jahren

Dauer: 20 Minuten

Seit einigen Wochen geht Tom in den Kindergarten Regenbogen in die Bären-Gruppe. Die Kinder sind sehr nett zu ihm, aber trotzdem hat er manchmal Angst. Er hat ein bisschen Angst vor Rosie, der Erzieherin, und auch ein bisschen, aber nicht so viel Angst, vor Manfred, dem Praktikanten. Aber vor Leah hat er besonders viel Angst. Leah ist schon sechs Jahre alt. Nächstes Jahr geht sie in die Schule. Leah ist laut und lacht viel. Leah ist irgendwie immer da und immer die Erste.

Heute gehen alle Kinder nach draußen. Der Kindergarten Regenbogen hat einen tollen Spielplatz. Es gibt Wippen, Klettergerüste, Rohre, in denen man sich richtig verstecken kann, Schaukeln und einen riesigen Sandkasten. Tom würde sehr gern schaukeln, aber ein anderes Kind ist schon auf der Schaukel für die größeren Kinder und er muss warten. Als das Kind endlich fertig ist, witscht Leah an ihm vorbei und schwingt sich auf die Schaukel. „Passt mal alle auf, ich zeig euch mal, wie hoch ich schaukeln kann!"

Die anderen Kinder gucken zu, wie Leah erst einmal ordentlich Schwung holt. Leah kann wirklich toll schaukeln. Nach und nach zerstreuen sich die anderen Kinder wieder, nur Tom steht noch an der Schaukel. Und wartet, bis Leah fertig ist.

„Soll ich dir mal zeigen, wie man so hoch schaukeln kann?", ruft Leah von der Schaukel aus. Tom schüttelt den Kopf. Das will er nicht. Nicht, wenn alle zuschauen.

„Ich will das mal gezeigt bekommen!", ruft Eli und rennt an Tom vorbei. Tom wartet, bis Eli fertig ist. Aber kaum will er endlich auf die Schaukel steigen, da schnappt sich Leah wieder die Schaukel.

Tom weiß nicht, was er jetzt machen soll. Vielleicht lieber nicht schaukeln?

„Möchtest du auch schaukeln, Tom?", fragt Rosie, die Erzieherin.

„Och, weiß nicht." Tom versucht, nicht rot zu werden.

„Möchtest du Leah fragen, ob sie dich schaukeln lässt?" „Nein!", ruft Tom. Das traut er sich nicht. Rosie geht vor ihm in die Hocke. „Weißt du, ich sehe, dass du schon länger auf die Schaukel wartest. Leah hat schon viel geschaukelt. Sollen wir sie gemeinsam fragen?" Tom blickt zögernd zu Leah. Rosie wartet. „Na gut, vielleicht", stimmt er schließlich zu. „Leah!", ruft Rosie, „kannst du mir mal mit den Getränken helfen?" „Klar!", ruft Leah. „Hier, Tom, du kannst weiterschaukeln!" Leah springt von der Schaukel und hält sie sogar für Tom an, damit er gleich auf die Schaukel klettern kann. Tom blickt zu Rosie. Rosie blinzelt ihm zu. Dann geht sie mit Leah nach drinnen.

IMPULSFRAGEN

- Habt ihr euch auch schon einmal nicht getraut, nach etwas zu fragen?
- Wie habt ihr euch dabei gefühlt?
- Was habt ihr dann gemacht?
- Was könnten wir Tom raten?

Rat mal, wie's mir geht!

Wahrnehmungsspiele

Alter: ab 4 Jahren
Dauer: je 5 Minuten
Material: Gefühlskarten, Musik

Mit Gefühlen zu spielen, macht schlau und fördert die Empathie. Gerade Kinder, die hiermit Schwierigkeiten haben, profitieren von Spielen, die das Wahrnehmen und Ausdrücken von Gefühlen zum Inhalt haben. Für diese Spiele benötigen Sie Gefühlskarten – aus Ihrem Vorrat oder mit den Kindern selbst gemacht – zum Beispiel mit diesen Gefühlen: Freude, Stolz, Trauer, Angst, Neid, Wut.

Spiel 1 | RAT MAL, WIE'S MIR GEHT

Ein Kind sucht sich eine Gefühlskarte verdeckt aus und macht das Gefühl pantomimisch vor. Die anderen Kinder erraten das gezeigte Gefühl.

Spiel 2 | BEDÜRFNISSE VERMUTEN

Sie zeigen den Kindern eine Karte, die ein schwieriges Gefühl ausdrückt, etwa Wut. Fragen Sie die Kinder, was man in diesem Moment braucht. Lassen Sie die unterschiedlichen Antworten der Kinder stehen.

Spiel 3 | GESCHICHTE AUSDENKEN

Ein Kind sucht sich ein oder zwei Gefühlskarten aus und denkt sich eine kleine Geschichte mit den beiden Gefühlen aus.

Spiel 4 | GEFÜHLE TANZEN

Die Kinder suchen sich eine Gefühlskarte aus. Anschließend wird Musik zum Tanzen angeschaltet und die Mädchen und Jungen versuchen, passend zum Gefühl zu tanzen. Hier stellen die Kinder ganz schnell fest, dass nicht jede Musik zu jedem Gefühl passt: Es kann ganz schön knifflig sein, zu schwungvoller, schneller Musik langsam zu tanzen, oder – umgekehrt – auf traurige Songs lustig zu hüpfen. Warum ist das wohl so? Regen Sie die Kinder zu einem Austausch über Musik an und auch darüber, warum Musik wohl die Kraft hat, Gefühle in uns zu wecken.

Spiel 5 | STILLE POST MIT GEFÜHLEN

Die Kinder stehen in einer Reihe hintereinander. Zeigen Sie dem ersten Kind verdeckt eine Gefühlskarte. Es dreht sich um. Das zweite Kind in der Reihe bekommt das Gefühl von ihm pantomimisch gezeigt. Anschließend macht es das Gefühl dem nächsten Kind vor, und dieses wiederum dem nächsten usw., bis das Gefühl beim letzten Kind angekommen ist, das es in Worte fasst. Stimmt das Ergebnis, so hat die Post prima funktioniert und ein echtes Gefühl abgeliefert!

Idee: Britta Bartoldus